児童の福祉を支える

社会的養護Ⅰ

吉田眞理

❖編著❖

坂本正路・髙橋一弘・村田紋子

萌文書林

はじめに

　子どもにとっての最適な生活の場は家庭である。その前提に立ち，本書では，家庭の機能に焦点を合わせて社会的養護のあり方を解説している。

　施設はかつて，家庭とは異次元の空間であり，地域に閉ざされていた。しかし近年，そのような状況を課題と捉え，居住空間や生活単位の小規模化，施設の運営の質の向上に向けた施設運営指針の策定や第三者評価の実施など多くの取り組みがなされてきた。その結果，現在の施設は地域に開かれ，家庭に近い環境を目指すようになってきた。この歴史は第1講に詳しく述べている。

　施設は，「文明の最高の創造物」といわれている家庭と同じ機能はもちえない。しかし，保育士が「社会的養護Ⅰ」を学ぶことで，施設を子どもの最善の利益に少しでも近い状態に近づけることはできる。そのために第2講，第3講の学びが役立つであろう。

　第4講から第8講では，家庭に近い環境を目指すといっても施設は家庭にはなりえないという前提に立って論を進めている。そして，家庭ではない施設でどのようにして家庭の機能を発揮するのか，子どもの最善の利益はどのようにしたら実現できるのか，というパラドックスを含む難しい課題に対して，いくつかの基本原則を示しながら考察している。

　さらに，第9講から第12講で社会的養護の実施体系と各施設の特性を知り，具体的な事例を知ることで施設への理解を深めることができる。

　現在，家庭復帰への支援や養子縁組というパーマネンシー保障の重要性が子どもの最善の利益の視点からクローズアップされている。第13講から第14講では，そのような動向についても丁寧に扱っている。

　多くの子どもが施設で暮らしている現実のなかで，社会的養護の学びを得た保育士が，傷ついた子どもの心に寄り添い，回復への道のりをともに歩む存在となれるようにと願うばかりである。

吉田　眞理

⋯⋯⋯⋯⋯⋯⋯ 本書の執筆方針について ⋯⋯⋯⋯⋯⋯

　社会的養護の展開においては，基本理念と原理が定められている*。基本理念とは，①子どもの最善の利益，②すべての子どもを社会全体で育む，という2点である。社会的養護の原理とは，①家庭養育と個別化，②発達の保障と自立支援，③回復を目指した支援，④家族との連携・協働，⑤継続的支援と連携アプローチ，⑥ライフサイクルを見通した支援，の6点であり，本書はこの基本理念と原理を基盤として執筆している。

　その上で，本書は家庭機能を根底に置き，児童福祉施設や里親家庭における養護を解説している。そして，社会的養護の5つの基本原則（第4講から第8講）を，社会的養護の価値観をベースにして示している。なかでも，児童福祉施設で働く保育士に求められる人間性や倫理の確立を重視し，子どもの権利と援助の理念として示し，さらに施設保育士の資質について各所で扱っている。

　本書では各講において事例を多用しているが，その事例は保育士を志す学生に，原理や理論をわかりやすく解説する手段として用いている。そのため，すべて事実に基づいているが，プライバシーやわかりやすさに配慮して，複数の事例を組み合わせて構成してあることをお断りしておきたい。

　各講の最後に示した【引用文献】および【参考文献】の中では，保育士を志す学生にぜひ読んでほしいと考える図書に★印をつけた。これは，他の文献に比べて書物として優れている，という意味ではない。その図書の難易度や内容が，施設保育士を志す学生の基礎知識獲得や倫理観形成に役立つであろうという意味で推薦している。

　なお，本書は，『児童の福祉を支える社会的養護』（2011年初版，2016年第3版刊行）に加筆修正の上，『児童の福祉を支える社会的養護Ⅰ』としてまとめたものである。

＊　こども家庭庁「社会的養育の推進に向けて」（令和5年10月）

も　く　じ

第1講　現代社会における社会的養護の意義と変遷

第5講　社会的養護の基本原則Ⅱ　保護―自己実現に向けた支援―

第6講　社会的養護の基本原則Ⅲ
　　子どもであることへの回復―治療的支援―

第8講　社会的養護の基本原則Ⅴ
生命倫理観の醸成―生と性の倫理―

第9講　社会的養護の制度と実施体系

第14講　社会的養護の現状と課題

第1講

現代社会における社会的養護の意義と変遷

　　本講の目的は，現代に至る児童福祉，特に社会的養護の行われてきた経緯と現状を大まかに知り，理解することである。
　　そのために以下について解説している。
　① 養護の現場にいる若い保育士がもつ疑問や悩みについて
　② 世界の中で子どもがおかれてきた環境や社会的位置づけについて
　③ 保育士にとって社会的養護を学ぶことが必要な理由について
　　また，重要な概念として「ホスピタリズム」「家庭の潜在力」「専門職の役割」についても述べている。
　　社会的養護を学び始めるにあたり，児童養護の歴史や現代的状況，課題について知り，社会的養護の原理を学ぶ意味を心に刻んでほしい。

Ⅰ　社会的養護の理念と概念

　社会的養護は，何のために学ぶのであろうか？　また，どんな場面で役立つのであろうか？　社会的養護から学ぶべきことを，児童養護施設に就職して2年目の保育士A（女性）が出会った一つひとつの出来事から考えてみよう。保育士Aは実習中のあなた，または，何年か後のあなたかもしれない。

〈考えてみよう 1〉どんな育ち方をしたの？
入所児童の生活課題と成長過程

　Mちゃんは，新しい実習生が来ると，しばらくは実習生にまとわりついて離れない。しかし，その実習生が他の子どもとかかわりをもつようになると急に離れてしまう。入所後間もない頃のMちゃんは，同室の子どもに乱暴な言葉を言ったり，何かあるとすぐ相手をたたいたりしていた。今では時々パニックのようになるが，日常的なトラブルは一応おさまっている。Mちゃんには両親がいるのだが，2歳半のときから4歳に至る現在までこの施設で暮らしている。Mちゃんの母親は2～3か月に一度くらいMちゃんに会いにくる。父親はあまり顔を見せない。Mちゃんはどんな育ち方をして，どうして今，施設にいるのだろうか。

〈考えてみよう 2〉職員は家族ですか？
入所児童と職員の関係

　たいへんなことも多いが，担当の子どもたちもなついて，保育士Aは張り合いを感じる毎日である。この施設は5年前に建て替えたときから，住み込み*は廃止になり，夜間は宿直で対応している。勤務時間が終わり，保育士Aが帰る支度を始めていると，担当しているMちゃんが職員室をのぞいている。「なあに？」と問

いかけた保育士Ａに，Ｍちゃんは「帰るの？Ａさんには，お家があるんだね」とさびしそうに言った。それを見ていた先輩職員が，「だから，私は住み込み廃止に反対したんだ。この子たちの家族は私たちなんだから，生活をともにしなくては養護施設とはいえない」とつぶやいた。保育士Ａは「本当にそうなのかしら……」と思った。

〈考えてみよう 3〉 それぞれ違う家庭像
家庭的という言葉の意味するものは？

　ある日，保育士Ａが洗濯物をたたんでいると，男性保育士が「手伝おうか」と言って隣に座った。そして「家庭らしい環境の中で子どもを育てるには，男女の職員が協力して家事をする姿を見せることが必要だ」と保育士Ａに言った。保育士Ａは，心の中で「私の家では，お父さんが洗濯物をたたんでいるのを見たことないわ」と思った。そういえば，“家庭的な養護”をしていることを自慢にしている先輩は，いつも食後の皿洗いを子どもたちと一緒にしている。「家事を一緒にやることで家庭の雰囲気が出る」と言うが，保育士Ａは親と一緒に皿を洗ったことはない。「家庭的ってどんなことなんだろう？」と保育士Ａは悩んでしまった。

〈考えてみよう 4〉 他の施設との連携とは？
施設外の社会資源との連携

　Ｂくんは入所してきて3か月になる中学生である。経済的に家庭での養育ができなくなった，という入所理由であった。Ｂくんは入所以来，学校や近隣での暴力事件や万引きを繰り返している。保育士である先輩が担当職員だが，そのたびに対応に頭を抱えている。児童相談所を通じてわかったことによれば，家庭にいるときから，同じ問題があったようである。家庭の問題がＢくんの行動に影響していると考えられるので，担当保育士は「Ｂくんのような子どもに十分な愛情をもっ

＊　多くの施設で，入所施設職員の勤務体制は住み込み（職員も施設で暮らす）から，通勤する方向に変化している。

てかかわって，問題行動をなくすのが，保育士の仕事だから……」と言ってがんばっている。しかし，Bくんのいる組は，だんだん全員が落ち着かなくなってきた。ある日，Bくんは，児童自立支援施設に措置変更*になった。担当保育士は「自分の力不足だ」と自信を失っている。保育士Aは，「Bくんのためにもそのほうが良いのではないかな」という気がしている。

〈考えてみよう 5〉 施設内の連携による養護とは？
組織としての施設とその運営

　このごろ，Mちゃんは落ち着きがない。パニックを起こすことも多くなっている。保育士Aは，Mちゃんの父親が面会にきた後からのような気がしている。
　この施設には心理士がいる。子どもたちの心の問題に対応するためだと聞いていた。その心理士が，「Mちゃんの面接をしたい」と言ってきた。保育士Aは，「Mちゃんのことは，私が一番わかっているのに……」と不満であったが，施設長や先輩の判断で面接することになった。それ以来，心理士はMちゃんと定期的に面接している。ある日，「面接のときにMちゃんと何をしているのですか」と聞いたが，心理士は答えてくれない。Mちゃんに聞いたら，「絵を描いて遊んでいる」とのことであった。「絵を描いて遊ぶくらいなら，私だってやっているのに……」と保育士Aは思った。そして，「心理士がMちゃんの面接をすることには私，反対だったのに……私のMちゃんなのに，施設長や先輩ったら……」と保育士Aはますます不満になっていった。施設内で連携をとるということは，どのようなことなのだろうか？

　以上のようなことに関して，保育士Aはどう考えれば良いのであろうか？　その答えを学生自身が見つけ，身につけるために社会的養護の原理を学ぶのである。

＊　措置制度とは，入所先を役所（行政）が決めること。措置変更とは，子どもの居場所を現在の施設から，別の施設に替えること。措置制度については，「第9講Ⅲ〈社会的養護の仕組み1〉措置制度（p.131）」に詳しい。

Ⅱ　社会的養護の歴史的変遷　1

　養護とは，子どもを護り育てる，という愛情による自然な行為なのに，施設においては，どうして特別な「原理や理念」が必要なのであろうか？　児童養護の歴史を振り返り，社会的養護とその原理が生み出された背景と必要性について考えてみよう。

〈社会的養護の歴史 1〉昔，子どもたちは働いていた

　社会福祉の始まりといわれるイギリスのエリザベス救貧法（1601年）の時代にさかのぼってみたい。社会福祉の発祥の地であるイギリスにおいて，20世紀初頭までの課題は貧困家庭の子どもや捨て子への対応であった。

　当時のイギリスでは，身寄りがない子どもは徒弟（住み込みの見習い職人）に出されることが多かった。これはイギリスに限ったことではない。同じ頃，デンマークでは農家に里子に出された子どもは，働き手として扱われていた。ドイツでも，農村の里子は，農業振興のための働き手となってコストの安い農業生産を担っていた。

　施設にいる子どもたちは，どうだったであろうか。イギリスでは，徒弟に出す年齢になっていない幼児は，大人や高齢者とともに施設に収容されていた。ドイツでは，児童施設の子どもが工場の働き手となり，監督されながら劣悪な状態で働かされていた。フランスでは，施設の子どもたちの人身売買がされていたという記録もある。

　貧困家庭の子どもはどうだったであろうか。イギリスで施行された新救貧法（1834年）では，見せしめとして制度の対象者を施設に収容し，一般住民で最も貧しい世帯よりももっと過酷な生活をさせた。そのため，親に生活を営む力がない場合にも，家庭は制度を使わなくなる。その結果，生活を支えるために子どもが

働くことがあった。19世紀のロンドンでは子どもが街角に立って物を売ったり，テムズ川で石炭くずを拾ったりなどして，家計を支えることも珍しくなかったという*。

〈社会的養護の歴史 2〉児童養護を社会の責任で 行うようになった

　前項のようなことは，イギリスだけではなく，各国で行われていた。それはどうしてであろうか？　それは，「どうして，貧しい家庭があるのか」「どうして子どもを適切に育てられないのか」という疑問に対して，「本人が怠け者だから」という結論を当時の人々が出したからである。しかし，多くの貧しく，子育てができない家庭を研究**する中で「貧困の要因は個人ではなく社会環境にある」という結論が出されるようになった。つまり，条件が悪い家庭に生まれた子どもは適切な養育や教育を受けられず，棄児（捨て子）となってしまう場合もある。そのような子どもが成人すれば，また条件が悪い家庭をもつ。だから，貧困家庭に生まれると，本人がどんなに努力してもなかなかそこから抜け出せない，という考え方が主流になったのである。そのように考えると（もちろん個人や家族の努力も必要だが），加えて社会的な援助が必要であるということになる。

　そのような考え方から，児童の権利に関する条約（子どもの権利条約／1989　以下「条約」とする）では，子どもを育てるのは親である，ということを示しながらも，第18条 2 に「父母及び法定保護者が児童の養育についての責任を遂行するに当たりこれらの者に対して適当な援助を与える」と，社会の援助は当然与えられるものとされているのである。

---

*　ヘンリー・メイヒュー／植松靖夫訳『ロンドン路地裏の生活誌―ヴィクトリア時代』原書房，1992
**　たとえば，メリー・リッチモンドが慈善組織協会を通じて行った研究がある。

〈社会的養護の歴史 3〉 子どもにとって最高の場は家庭だとわかった

　アメリカでもイギリスの救貧法にならった福祉施策がとられていた。その後の展開で着目すべきは1909年の**第1回児童福祉白亜館（ホワイトハウス）会議**である。セオドア・ルーズベルトによって開催されたこの会議では、「家庭は文明の最高の創造物である。故に緊急止むを得ない事情のない限り児童を家庭から切り離してはならない」という声明が出された。この**家庭尊重の原則**が、家庭を基盤とする児童福祉思想の基となっている。「条約」では、第9条に「締約国は、児童がその父母の意思に反してその父母から分離されないことを確保する」と示されている。施設養護に関してはどうであろうか。「条約」では、家庭で育てることができない子どもに関して、「特に、里親委託、イスラム法のカファーラ*、養子縁組又は必要な場合には児童の監護のための適当な施設への収容を含むことができる」（第20条3）というように、施設養護は「必要な場合には」と限定された手段とされている。

　世界的な児童養護の思想の流れは早くから里親を含む家庭を場とした養護に向かって動いていたことがわかる。日本は現在でも、家庭で育てられない子どもは施設で養護するということが主流である。では、どのような児童養護思想の展開から、日本の現在がつくられてきたのであろうか。

〈社会的養護の歴史 4〉 日本の施設は家庭の機能を大切にしてきた

　日本の児童福祉分野における先駆的な実践は、個人の篤志家により私財やその人生をかけて行われていた。そこに、〈施設＝実践者の家庭〉〈施設における養護

---

*　経済的に恵まれない子ども、親が育てられない子どもに対して、寄付者（カフィール）が自発的に金銭的な援助を行ったり、近くに住む人たちが代わって育てたりするというイスラム世界における社会的な慣習。

＝自分の家族，生活，人生そのもの〉という考え方があった。施設における養護と家庭的な養護は分別されていなかったのである。

　石井十次により1887年に始められた**岡山孤児院**では，入所児童に十次を「お父さん」，妻の品子を「お母さん」と呼ばせる『家族主義』を実践していた。日本初の，知的障害児が入所する施設である**滝乃川学園**（1891年）では，創設者**石井亮一**の妻筆子は，自分の子ども三人を相次いで病気で失ってから，福祉の道に生きることを決意し，滝乃川学園への支援を通じて石井亮一と結婚し，夫の死後は自ら二代園長に就任した。家族ぐるみ，人生をかけた児童福祉の姿が垣間見える。**留岡幸助**は，非行少年の背景には家庭や環境の問題があると考え，現在の児童自立支援施設にあたる**家庭学校**（1899年）を東京巣鴨に創設した。家庭学校は家族的な環境の中で子どもの成長を援助する，という考えのもとに運営された。1914年に開校された北海道家庭学校では，現在も留岡幸助の思想を守り，森林の中に立てられたコテージ（山小屋風の寮）ごとに職員家族が居住している。職員は夫婦で自分たちの子どもを産み育てながら，10人程度の入所児童とともに家族のように暮らしている。

　このように見てくると，日本の児童福祉施設は家族の大切さを根底において運営されていたことがわかる。

　公的な児童福祉施設が整備されるようになったのは，第二次世界大戦後の児童福祉法制定（1947年）以降である。当時は，戦争で家族を失った子どもや生活苦に陥った家庭の子どもが街中にあふれていた。子どもたちは衛生や栄養の状態が悪い中で暮らし，学校へも行かず，自分が生きるために靴磨きをしたり，大人の手伝いをしたり，物貰いをしたりして暮らしていた。子どもの中には，盗みや売春をするものも珍しくなかった。そのような子どもを養護するために施設がつくられたのである。なお当時，里親制度は児童福祉法により位置づけられた。

　第二次世界大戦後に児童福祉法が制定されてからも，日本の児童養護施設における子どもの衣食住の状態は満足といえるものではなかった。しかし，当時は，屋根のあるところで寝られ，食べるものがあり，大きな寮のような施設で，寄り添ってくれる大人がいる環境は，家庭を失った子どもにはかけがえのない居場所となっていた。

〈社会的養護の歴史 5〉児童の養護には原理や理念が必要だとわかった

　児童福祉法が制定された頃の環境下で，子どもが生活していく場として児童養護施設が果たした役割は大きかった。しかし，施設養護の方法に関しては，20世紀初頭から見え始めていた大きな課題があった。ドイツのデュッセルドルフ乳児院の院長であったファウントラーは，栄養状態や施設環境が整った乳児院や孤児院でも衰弱して死んでいく子どもの割合があまりに多いことに気づいた。彼は，その症状を**ホスピタリズム**と名づけた。ファウントラーはこの原因を母子分離による精神的空虚状態によるもの，と考えた。そこで，看護師により愛情にあふれる個別的なケアをするという養護原則を唱え実践した。その結果，1903年に75.5％であった乳児死亡率を1917年には17.3％まで下げることができた*。そして，1930年代になると，ドイツ全体でも施設で育つ子どもの死亡率は激減していった。

　日本においても，ドイツから学び，乳児院の看護師が入所児童を分け隔てなく可愛がるという養護第一主義により，乳児死亡が下がったという。このように，第二次世界大戦以前には，ホスピタリズムとして，施設における乳児死亡率の高さが問題視されていた。

　第二次世界大戦後（1945年）になると，ホスピタリズムの問題は子どもの心の問題として浮上した**。ドイツにおける調査から，施設で育つ子どもは，精神的活発さ，社会的スキルにおいて，劣悪な家庭環境で育つ子どもに及ばないことがわかってきた。また，育つ場が施設であっても，母親が一緒に入所している施設では，子どもの成長に問題がないことも指摘されていた。

　1950年，WHO の調査を経て，イギリスのボウルビィがホスピタリズムを実証し，それは**母性剥奪（マターナルディプリベーション）**による**アタッチメント（愛**

---

* 金子保 『ホスピタリズムの研究—乳児院保育における日本の実態と克服の歴史』川島書店，1994，p.16
** ニュータイプ・ホスピタリズムともいわれた。（金子保，前掲書，p.22）

着）の不全や欠如に基づくものである，と報告した*。一方，わが国では，施設で暮らすしかない子どもが多く存在している現実があった。そこでその子どもたちはどのようにしたら，ハンディがない人生のスタートラインに立つことができるのであろうか，という課題が生じた。

　このような経緯から社会的養護の原理や理念の確立が期待されるようになったのである。

〈社会的養護の歴史 6〉施設は家庭でないから原理や理念が必要とされた

　児童福祉法が制定されてからは，家庭で暮らせない子どもを養護することが国の責任のもとで行われることになった。国の責任で，国中の誰もが一定水準の養護を受けられるようにしていく必要がある。人生をかけて，家族ぐるみで児童福祉を実践している誰かに，たまたまめぐり合った場合は幸運で，そうでない場合はあきらめるしかない，ということではその責任は果たせない。児童福祉施設の運営は，個人が人生をかけて，家族ぐるみで行う時代ではなくなったということである。

　ホスピタリズムは，施設で長く生活する子どもに見られる心身の発達障害の総称とされているが，施設という場があることにより，国中の誰もが一定水準の養護を受けられるようになることもまた事実である。日本では，ボウルビィ報告に関連して1950年代に，子どもを家庭に近い個別的方法で養護すべきである，という考え方と，施設が集団生活であることを長所と考え，それを生かして養護すべきであるという考え方が対立した。この対立は，時代の流れの中で解決を見ないで終わったが，施設養護を問い直すきっかけとなった。そして，児童福祉施設は家庭ではないからこそ，実践の基盤となる理論が必要であるということが浮き彫りになっていった。その理論が，専門職が学ぶべき専門的な分野としての社会的

---

* 母親から引き離された乳幼児が母親と綿密かつ継続的な関係（愛着関係）をもてないまま成長したことにより発達に大きな悪影響が発生するとされた。

養護の原理・原則なのである。

〈社会的養護の歴史 7〉 現代の施設は家庭に近づこうとしている

　ホスピタリズムの研究過程で，劣悪な家庭で育った子どもが乳児院に入ることにより，専門的で愛情あふれる養護を受けて精神的な発達が補われる場合があるということもわかってきた。しかし，それを行うには人手が要ることもまた事実である。現実では，個別の愛情あふれる養護や担当保育士制を実施するには，職員の配置の少なさがネックとなっていた。このような中，職員が自分の生活を犠牲にして子どもに愛情を注ぐ時代を経て，児童福祉施設の職員配置基準が少しずつではあるが改善され，養護の方法も見直され，ホスピタリズムが克服されていったのである。

　戦後の施設の劣悪な状況には，このような人の配置の問題とともに，建物の問題もあった。子どもの成長・発達には，物理的な要因の影響も大きい。施設で育つ子どもは，一般家庭とは異なる寮生活のような環境下でしか生活体験ができないことにより，社会に適応しにくかったり，日常生活に関する常識がなかったりするという課題が徐々に明らかになってきた。また，子どもの人権という観点から，子どもが自分自身で使えるスペースの問題も取り上げられるようになった。

　現在では，住環境を家庭に近づけ，地域とのかかわりも促進するために，児童福祉施設は，**大舎***から**小舎****へ，さらに**小規模グループケアやグループホーム*****へと移り変わりつつあり，居室も個室化しつつある。

---

*　概ね20人以上を単位として生活する施設において同一場所で，食事，風呂，洗濯などを行う。施設規模の影響についての詳細は，「第 4 講Ⅱ社会的養護の基本原則：養育 5 」(p.55)。
**　概ね12人以下を単位として生活する施設で，一般家庭に似た形態で夜間は一人の職員が宿直をしている。両者の中間に中舎がある。
***　第 4 講参照。

社会的養護の歴史的変遷 2

〈社会的養護の原点 1〉 家族は近隣という支え手を失った

　社会的養護の原理や理念が誕生した時代から現代に至る時代の中で，社会環境が変化し，入所児童の家庭環境が変化し，職員の意識や背景も変わった。現代社会にふさわしい社会的養護には，どのような内容が求められているのであろうか。

　まず，入所児童の生育環境の変化を見てみよう。現在，入所児童の中で，家族と呼べる人が全くいないものは，ほとんどない。障害がある場合も，家庭で育てられる場合は入所ではなく，通所による支援をしようという流れがある。入所する障害児には，家庭内に養護の問題が存在していることがわかる。多くの入所児童には，家族がいるのに，どうして家族のもとで暮らせないのであろうか。

　現代の親は，子どもを愛さないから，または無責任だから子どもを施設に預けるのであろうか。それとも，現代は，核家族が多いから問題がおきるのであろうか？

　核家族という視点から見れば，1920（大正 9）年の第一回国勢調査*では，核家族の占める割合は全体の54％であった。一夫婦がもつ子どもの数が多く，親はそのうちの一人と一緒に暮らすならば，核家族が多かったのは当然であろう。

　大きく変わってきたのは，地域や親族と家族の関係ではないだろうか。日本においては「子どもは授かりもの」という考え方があり，家で子どもに十分かかわれなくても，近所にいる親戚や周囲の人たちが子どもの面倒を見ていた。わが国では，昭和30年代の高度経済成長期**に，大きな人口移動があった。経済発展を

＊　5 年ごとに行われる全国調査で，調査時に日本に居住する，外国人を含むすべての人を対象に，人口，世帯に関し，男女，年齢，国籍，就業状態，仕事の種類，世帯員の数などを調べる。
＊＊　石炭から石油へのエネルギー転換，生産技術の技術革新による大量生産，大量消費生活の出現で，当時の日本の経済成長率は著しく高いものとなった。

受けて，若者たちは仕事を求めて農漁村から都会に出て就職したり，都会の大学に行きそのまま就職して家庭をもったりした。そのような家庭には，何かあったときに手伝ってくれる知り合いや親戚や親が身近にいないことになる。だからといって，子育てをしている自分自身に余力があるわけではない。つまり，子育ての潜在力が小さいのである。その結果として，自分や家族，子どもなどに何か課題が発生すると，たちまちに行き詰まってしまう。

　子育ては親，特に母親に責任があるという考え方も，この時期以降のものである。近隣に知り合いや親戚，親がおらず，家庭の中で孤独な子育てをする母親が増えている。そのような環境変化を考えれば，子育てに地域住民や肉親の支援が得られない親たちが多いのは当たり前だといえよう。

　子育てがうまくできなかったり，何か家庭的な問題が発生したりした場合に，相談や協力する人がいなければ，家庭を維持できなくなって子育てを放棄する，ということもあるだろう。親が子育てを放棄した場合に親族の協力がなければ，子どもの施設入所につながることは容易に想像できる。

〈社会的養護の原点 2〉潜在力の少ない家庭が増えている

　施設入所児童の家庭は子育ての潜在力が小さかったといえる。たとえば，子どもに障害がある，子どもの行動に問題がある，親が病気になったという場合，親戚など家族に力を貸す協力者がいれば，大変な育児や家事を日常的にサポートしたり，親の精神的な支えになったりできよう。また，親に経済的な余裕があれば，子どもに適切な環境を選んで転居したり，自分の子どもの状態に合う学校を選んだり，有料個別のケアを受けたりしながら家庭での子育てを維持できる。

　また，親のもつ精神的・知的余力，適応力も子育ての潜在力といえる。障害がある子ども*をもったことをきっかけに，当事者グループに入り，その活動を通じて社会に働きかけるようになる親たちがいる。子どものおかげで親が育った，とよくいわれる例である。そのような親は子どもの障害により，潜在していた力が引き出されたといえるであろう。また，子育てや家庭運営に困ったとき，必要かつ適切な情報をあつめて選び，活用する力があれば社会資源を活用し，それ以

上行き詰まらずに済む場合がある。逆に，潜在力が少ないときは，子どもの病気や障害，非行という課題に耐え切れず，子育てを続けるのが難しくなって，家庭の崩壊や虐待などにつながりかねない。家庭の経済的危機や保護者の病気や障害に関しても同様である。子育ての潜在力があれば，困難な時期を乗りきり，やがては（前とは違う生活スタイルになったとしても）それを受け容れながら，家族としての平穏な日常生活を得ることができるであろうと考えられる。そのような意味において施設入所児童の家庭は子育ての潜在力が小さかったといえるのではないだろうか。

　現代では子育ての潜在力が小さいのは特殊な家族に限ったことではない。だからこそ，さまざまな子育て支援サービスが必要とされている。施設という視点からみれば，手伝ってくれる知り合いや親戚の代わりに施設養護を利用するという方法がある。それが，施設の短期利用や通所施設の活用であり，**ショートステイ****や**トワイライトステイ*****への**ニード******も高まっている。

〈社会的養護の原点 3〉 施設は家庭機能を求められている

　入所児童は，家庭で育っていた頃も，家庭から得られるべき成長支援をあまり受けていない。一方で，虐待や生活習慣の乱れなど不適切な環境の影響やマイナス要因を身につけていることが多い。

　家庭が子どもにとって望ましい環境である，といっても，日本では，家庭で暮

---

*　障害の分類は世界保健機関 WHO により1980年に発表された国際障害分類（ICIDH：International Classification of Impairments, Disabilities and Handicaps）があった。これは障害という身体や精神の状態に照準を合わせたものであったが，2001年に国際障害分類を障害がある人の暮らしにくさに視点を転換し，国際生活機能分類（ICF：International Classification of Functioning, Disability and Health）に改訂している。障害が社会的不利を引き起こしている，という考え方から，社会的な環境の不整備が障害者の暮らしにくさを発生させているという考え方への転換である。本書も後者の立場から障害を捉えているが，事例等で「障害がある」と表現しているのは，主として児童相談所による判定を念頭に置いている。

**　子どもを育てるのが一時的に難しくなった場合や，緊急一時的保護を必要とする子どもなどを施設で預かり（原則として7日以内）養護する事業。

***　通所利用により夕食や入浴など，夕方から夜までの児童養護をする事業。

****　本書は原理科目を扱っているため，具体的な一つひとつのケアの必要性の総称（ニーズ）ではなく，本質的な，また心理的，社会的必要性を示す語としてニードを使用した。

らせない子どもの里親になる家庭が少なく，子どもの多くは施設に入所することになる。現在では，施設をできる限り家庭に近づけるために，建物は大舎から小舎，そしてグループホームになりつつある。施設における生活の質を高めるのは人的環境と物的環境である。施設が小規模化し，物的環境が家庭に近づきつつある現在，人的環境としての職員の養護の質を，家庭養護に近づけていく必要がある。施設保育士には施設の小規模化に対応した社会的養護の原理や理念の習得が求められるのである。

　特に家庭機能を発揮することを通じて，家庭からマイナスの影響を受けて育ってきた子どもの成長を補うことが求められている。そのようなかかわりを通じて，施設で暮らす子どもが，落ち着きを取り戻し，それまでの体験を整理することができ，人を信じることができるようになる。その結果，子どもは大人になってから，自分らしい豊かな家庭を築くことができるのである。

　先に紹介した施設福祉の先人たちは，家庭の機能を発揮しようとして施設を創設した。その根底にある思想からは，社会的養護は家庭機能を中心として組み立てられるべきだということが示唆されている。しかし，施設保育士が自分自身の個人的な思いを起点とした家庭像しかもたない場合，子どもに伝える家庭の姿は偏ったものとなる。それでは，理論に基づいた専門職の実践とはいえない。

　また，施設の短期利用やショートステイ，トワイライトステイを利用し，子どもが一定の時間や期間施設で暮らす際にも，施設で家庭機能を発揮できれば，子どもの家庭との連続した生活の中で，子ども自身の生活する力が育てられる。施設における生活を通じて，復帰した家庭の中でも，子どもが自律して生活していく力を身につけていけることもある。たとえ，親が十分に家庭機能を果たせなくても，子どもがある程度の年齢の場合，生活習慣を身につけ，家庭らしい暮らしのあり方を知っていれば，家庭に帰ってからも自身の生活をそれなりに営むことができよう。そのために，施設から家庭に戻ったときに，子どもが生活習慣や家庭運営に必要な能力，たとえば家事の方法を身につけ，ある程度自己管理ができるようになることが求められる。それは親にとっても，家庭保全の一翼を担う力となっていく。そのためにも社会的養護は，家庭機能を中心に組み立てられる必要がある。

　特にショートステイやトワイライトステイは，地域で子育てする家庭の子育ての潜在力となる施設サービスであり，今後の方向性を指し示す施設のあり方である。このようなサービスの提供を通して家庭生活と家庭生活のすき間をつなぎ，施設が家族の子育ての潜在力となり，子どもが家庭に軸足を置いて育っていくのを支援する必要がある。さらには，施設による里親支援も，継続性を重視する児童ケアの今後の課題である。

　このように考えても，時代が施設に要請している社会的養護の内容は，家庭機能を核にしたものであるべきことがわかる。

〈社会的養護の原点　4〉施設保育士は家庭機能を発揮する専門職

　児童福祉施設における専門職の役割は，家庭機能の補完，家庭で得られなかった体験の補充と子どもが受けたマイナス体験の補償である。生活を通じて，長期や短期の入所児童に対し家庭機能を発揮していくことが，施設専門職に求められている。専門職がそのような役割を果たすためには，家庭機能を基礎においた社会的養護の原理や理念・方法を学ぶ必要がある。

　専門職として認められる条件のひとつには，教育を通じて伝達された知識技術をもっているということがある。社会的養護の原理や理念は，施設が家庭ではないからこそ，また，職員は家族ではないからこそ，必要とされる。現代の専門職は，かつての施設のように家族になって子どもとともに生涯を施設で暮らすのではなく，職員が交替しても恒常的に提供されるべき家庭的機能を発揮すべきなのである。社会的養護の学習をして，理論に基づいた専門職としての支援をする保育士は，親・きょうだいの代わりではない。家族としてではない福祉専門職としての取り組みは，保育士の社会的地位を高めることにもつながるであろう。

　では，家庭機能とは何であろうか？　それは，家庭という居場所があることによる安心や，家族関係を通じた心の成長，大人社会のもつ文化や知識の伝達，地域社会とのつながり，命の尊重をも含むものである。社会全体における家庭の子育ての潜在力が小さくなり，どの子どもにも社会的な養護が必要な時代である。

家庭機能を発揮する社会的養護は，他の保育現場でも活用可能であろうと考えられる。

　未成年の子どもには，民法に規定された親権者がいる。この親権とは，未成年の子どもの保護を目的とした実親などの権利と義務であり，一般に子どもの親権をもつ者は実親である。しかし親からの保護を得られない子どもたちもいて，社会的養護を必要としている。施設保育士にはそのような子どもたちに専門職として対応することが求められている。

　以上のような考え方に基づき，第 2 講以下では，家庭機能に基礎をおいた社会的養護を学習していく。さらに施設養護の場面でいかにして家庭機能を発揮すべきか，ということを考えるとき，**ピアグループ***としての子ども集団や，家族的グループとしての職員・子ども集団，または職員集団のグループダイナミクス**やグループワークを活用するという施設の強みを生かした展開も求められることを付け加えておきたい。

【引用文献】

金子保『ホスピタリズムの研究―乳児院保育における日本の実態と克服の歴史』川島書店，
　1994

ヘンリー・メイヒュー／植松靖夫訳『ロンドン路地裏の生活誌―ヴィクトリア時代』原書房，
　1992★

【参考文献】

フィリップ・アリエス／杉山光信・杉山恵美子訳『〈子供〉の誕生―アンシャン・レジーム期の
　子供と家族生活』みすず書房，1980

U. ブロンフェンブレンナー／磯貝芳郎・福富護訳『人間発達の生態学―発達心理学への挑戦』
　川島書店，1996

Marie Connolly and Margaret McKenzie, *Effective Participatory Practice : Family Group
　Conferencing in Child Protection*, Aldine de Gruyter, 1999

---

*　peer group　仲間（同輩）集団。福祉分野では，同じ課題をもった当事者がつくるグループを指す
　　場合が多い。
**　グループダイナミクス（集団力学）
　　クルト・レヴィンによる場の理論が基になっている，集団における個人と集団，個人と個人の間
　　に生ずる変化の法則性，また，それを理論化する学問。

M. コルトン，W. ヘリンクス編著／飯田進・小坂和夫監訳『EC 諸国における児童ケア―里親養
　　護・施設養護に関する各国別紹介』学文社，1995

Erik H. Erikson, *Childhood and Society*, Norton, 1963

Erik H. Erikson, *Identity and the Life Cycle*, Norton, 1994

James Garbarino, *Children and Families in the Social Environment*, Aldine de Gruyter, 1992

マイケル・イグナティエフ／添谷育志・金田耕一訳『ニーズ・オブ・ストレンジャーズ』風行
　　社，1999

リーサ・カプラン，ジュディス・L. ジラルド／小松源助監訳『ソーシャルワーク実践における
　　家族エンパワーメント―ハイリスク家族の保全を目指して』中央法規出版，2001

ケニス・E. リード／大利一雄訳『グループワークの歴史―人格形成から社会的処遇へ』勁草書
　　房，1992★

アマルティア・セン／大石りら訳『貧困の克服―アジア発展の鍵は何か』集英社，2002

アマルティア・セン／徳永澄憲・松本保美・青山治城訳『経済学の再生―道徳哲学への回帰』
　　麗澤大学出版会，2002

重田信一編著『社会福祉概論』建帛社，2000

氏原寛ほか共編『心理臨床大事典―改訂版』培風館，2004

吉澤英子・小舘静枝編『養護原理』ミネルヴァ書房，2001

第2講

子どもの人権擁護と
社会的養護

　本講の目的は「子どもの人権擁護」について学び，社会的養護において「子どもの人権擁護」を具体化するための，基本的な視点を理解することである。

　そのために以下について解説している。

① 「児童の権利に関する条約」「児童福祉法」に基づく「社会的養護の価値観」について

② 児童福祉施設の現状と施設保育士の心得について

③ 実際の施設養護における現代的課題について

　また重要な概念（知識）として「子どもの最善の利益」「意見表明権」「家庭機能」についても述べている。

　「子どもの権利」について，自分自身にもかかわる事柄として学び，実際の施設養護の場で，どのように適用していけば良いか考えていってほしい。

I 社会的養護と子どもの権利
児童養護の理念と援助者

〈社会的養護の価値観 1〉 人間としての権利を実現する

　「人間の権利」とは何だろうか。「人間の権利」には，まず衣食住に関する生きていくための最低限の権利がある。そしてさらに，その人が何にも代えられないものとして尊重されること，自分の意思で自分らしく生きていくことは，生まれながらにして誰もがもっている基本的な「人間の権利」である。

　社会的養護の学びをしようとしているあなたは，今自分自身をどのように感じているだろうか。あなたが，「私は存在している価値がある」「私は私らしく生きている」と思っているなら，それはとても素晴らしいことであるし，また社会福祉を学ぼうとする前提としてとても大切なことである。森田ゆりは基本的人権を「安心して」「自信をもって」「自由に」生きることとして簡潔に表現している*。

　権利には，自分で当然のものとして理解できるというよりも，人間関係の中で気づき自分の中に見出していくという側面がある。当然，言葉で「権利とは何か」を示されたからといってそれで保障されるものではなく，具体的な生活の中で，時間をかけて積み上げながらつくり上げていくものである。あなたがもし，自分が大切だと感じているなら，それはあなたが人から大切な人として扱われてきたからなのではないだろうか。社会的養護の学びや実践の中で，権利について学ぶこと，そしてそれを自分自身のこととして捉えていくことがとても大切なのである。

　だが，この「人間の権利」は歴史の最初から当然のこととしてあったわけではない。時代によっては，女性，高齢者や障害者であることによって，あるいは民族や身分などによっては，人間の権利は認められていなかった。そして「子ど

＊　森田ゆり／部落解放・人権研究所編『エンパワメントと人権—こころの力のみなもとへ』部落解放・人権研究所（解放出版社），1998，p.27

も」も，ある時代まで大人より劣った存在とされ，権利を認められないでいたのである。

　誰かを頼らなければ生きていくことすらできない無力な子どもが，もし大人から大切にされていなかったら，その子どもは自分が大切な存在だということを知ることができない。子どもの時に十分に大切にされ「生まれてきて良かった」という実感をまず得ることが人間の権利の土台となる。特に子どもには成長発達の権利など，大人とは違った形での独自の権利が存在する。それを十分保障されなかった場合は，身体的，精神的にいろいろなハンディがそれからの人生に生じることがある。だから子どもの権利を守ることは，人間の権利の土台を保障することでもある。弱い立場にある子どもと向き合うことを通してこそ，同じ力関係の大人同士で向き合うのとはまた異なる，あるいは見えてこない，人間関係のあり方が見えてくる。自分より幼い子どもとどのように向き合うのか。力がないからこそ，自分が相手を支配してしまうのか，あるいは小さな声でも聞き取れるのか，自分自身の人間観をも露わにされることでもある。

　社会的養護の学びの中では，特に人間の権利について十分に理解していかなければならない。権利について学べば学ぶほど，自分が当たり前としていた人間観や援助観が崩されることもあるかもしれない。自分の考えや過去の経験等を基にするのではなく，理論的に権利の内容や権利を実現するための方法を学ぶ必要がある。

〈社会的養護の価値観 2〉 子どもの固有の権利を守る

　「子どもの権利」という言葉を，現在はごく普通に耳にするが，子どもには子ども固有の権利があることが認められるようになったのは比較的新しいことである。

　子どもの権利について，最初に国際的な文書に示されたのは，第一次世界大戦後の1924年，**ジュネーブ宣言***においてであった。ジュネーブ宣言では，心身の正常な発達保障，要保護児童の援助，危機時の児童最優先の援助，自活支援・搾取からの保護，児童の育成目標という5項目の原則が掲げられた。ジュネーブ宣

言と1948年の世界人権宣言の「すべての人間は生まれながらにして自由であり，かつ尊厳と権利について平等である」**を踏まえて，1959年には「児童の権利に関する宣言」が国際連合で採択された。ここでは子どもが特別な保護と優先的なケアを必要とすることを示し，子どもの社会権についても規定している。

　「児童の権利に関する条約」（以下「条約」とする）は，1989年に国際連合で採択された。日本は，この「条約」を1994年4月に批准している。「条約」は批准国内の，法律の上位法規（ただし憲法を除く）であり，批准国は国内法が「条約」の趣旨にのっとって制定・運用されるようにしなければならない。「条約」の最も大きい特徴は，子どもをそれまでの大人から一方的に保護される受動的な存在としてではなく，権利の主体者，および行使者として規定していることである。また大人と同様に子どもにも表現の自由，思想・良心・宗教の自由，結社・集会の自由なども積極的に認める広範な内容となっている。

　ただし子どもは，生物として未熟な存在であり発達途上にあるため，大人とは異なる子ども固有の権利があり，必要な保護は行われる。本書の社会的養護もこの「条約」と子ども固有の権利に視点を置いて展開している。

〈社会的養護の価値観 3〉 子どもの最善の利益を守る

　「子どもの最善の利益」とは「条約」における基本原則である。

　子どもの最善の利益を考えるにあたり，**「ウェルビーイング」**（well-being）とい

---

* ジュネーブ宣言（国際連盟子どもの権利宣言）
　ジュネーブ宣言として知られている「子どもの権利宣言」では，以下の内容の保障を宣言している。
　1　子どもは，身体的および精神的両面の正常な発達に必要な手段が与えられなければならない。
　2　飢えた子どもは食物が与えられなければならない。病気の子どもは看護されなければならない。発達の遅れた子どもは援助されなければならない。非行を犯した子どもは更正させられなければならない。孤児および浮浪児は住居を与えられ，かつ援助されなければならない。
　3　子どもは，危難に際して最初に救済を受ける者でなければならない。
　4　子どもは，生計を立てることができるようにされ，かつ，あらゆる形態の搾取から保護されなければならない。
　5　子どもは，その才能が人類同胞のため捧げられるべきであるという自覚の下で，育てられなければならない。
** All human beings are born free and equal in dignity and rights. の訳。

う言葉に触れておこう。この言葉は「よりよく生きること」「自己実現の保障」という意味で新たな児童家庭施策の理念となっている。

　「子どもの最善の利益」自体が何かということについては「条約」に明記されてはいないが，子どもの「ウェルビーイング」の実現を含め，条約各条項に示された権利を，子ども個々の状況に照らして，総合的，具体的に実現していくことと考えられる。「条約」でも「児童の生存及び発達を可能な最大限の範囲において確保」（第6条），「到達可能な最高水準の健康の享受」（第24条），「児童の人格，才能並びに精神的及び身体的な能力をその可能な最大限度まで発達させる」（第29条）等で，「ウェルビーイング」に向けて守るべき，子どもの最善の利益とはなにかが表現されている。

　「条約」第12条では，さらに「**子どもの意見表明権**」が明記されていることも特徴的である＊。2016年児童福祉法改正においては，第2条に「社会のあらゆる分野において，児童の年齢及び発達の程度に応じて，その意見が尊重され，その最善の利益が優先して考慮され，心身ともに健やかに育成されるよう努めなければならない」と明記された。子どもの意見の尊重のためには，**アドボケイト**の存在が大切である。**アドボカシー**は，社会的に立場が弱く権利を侵害されやすい人の声を大きくして社会に伝え，その権利を守る「権利擁護」や「代弁」機能をいい，それを行う人をアドボケイトという。

　子どもの最善の利益を具体化するには，実際には子どもの意見を尊重しつつも専門家による慎重な判断が必要とされる場合もある。たとえば虐待問題等では，子ども自身の希望が必ずしも子どもの最善の利益を守ることにつながらない場合もあるからである。そのような状況においても，アドボケイトの役割は，無視されやすい子どもの声を聞き取り，十分に聴かれ反映されるようにすることだとい

＊　第12条
1　締約国は，自己の意見を形成する能力のある児童がその児童に影響を及ぼすすべての事項について自由に自己の意見を表明する権利を確保する。この場合において，児童の意見は，その児童の年齢及び成熟度に従って相応に考慮されるものとする。
2　このため，児童は，特に，自己に影響を及ぼすあらゆる司法上及び行政上の手続において，国内法の手続規則に合致する方法により直接に又は代理人若しくは適当な団体を通じて聴取される機会を与えられる。

える*。広義には施設保育士もアドボケイトの役割を担うものである**。

〈社会的養護の価値観 4〉 マイナスからの回復を 支援する

　児童福祉施設での自立支援には，人間への信頼関係を取り戻し，今まで被ってきたさまざまなマイナスからの「回復」を保障していくという視点が不可欠であり，複雑な入所理由をもつ子どもたちに対しては，一層専門的なサービスが保障されなければならなくなってきている。そのために，児童養護施設や母子生活支援施設，児童自立支援施設等では，施設サービスを提供する生活規模をできるだけ小さくし，個別に対応していくこと，また**心理療法担当職員**の配置により，心理療法を提供していくことになっている。

〈社会的養護の価値観 5〉 社会と連携して子どもを護る

　地域との連携は，子どもの社会性を養う上で欠くことができない。地域の人々との交流によって多様な経験をし，社会の常識や習慣，伝統行事や地域の文化などを学んでいくことが子どもの発達には不可欠である。

　さらにさまざまな課題をもった子どもが入所し，地域の幼稚園や学校へ通うことを考えると，子どもたちが地域から排除されないように施設が働きかけ，良い関係をつくっていくことも重要である。また子どもたちが社会に出て行ったあとの，**アフターケア**に関しても，社会と施設の連携は必要になってくる。

　2004年の児童福祉法改正では地方公共団体に「**要保護児童対策地域協議会**」を「置くように努めなければならない」とされ，児童養護施設等児童福祉施設も重要な構成メンバーとされた。2011年の「社会的養護の課題と将来像」においては，

＊ 栄留里美・長瀬正子・永野咲『子どもアドボカシーと当事者参画のモヤモヤとこれから』明石書店，2021，p.68
＊＊ 2022年児童福祉法改正において規定された「意見表明等支援員」は行政機関や児童福祉施設等から独立した存在とされている。

社会的養護が市町村の子育て支援と連携すべきことや児童養護施設等の「地域分散化」が明示された。2017年の「新しい社会的養育ビジョン」においては，より積極的に「施設で培われた豊富な体験による子どもの養育の専門性をもとに，施設が地域支援事業やフォスタリング機関事業などを行う」ことや，「子どもの個々のニーズに見合った地域資源の活用という，ケアの地域化」を進めるべきことも提言されている。

Ⅱ　施設保育士の倫理と責務
児童福祉施設の援助者の資質

　施設保育士に限らず保育士には，児童福祉法に「保育士は，正当な理由がなく，その業務に関して知り得た人の秘密を漏らしてはならない。保育士でなくなつた後においても，同様とする」（第18条の22）と規定された守秘義務がある。これを施設保育士の心得の基本として理解した上で以下の学習に臨んでほしい。

〈施設保育士の倫理と責務 1〉 現代における施設機能を理解しよう

　最近の乳児院や児童養護施設に入所する子どもの大半には両親あるいはいずれかの親がおり，父母などや保護者の全くいない子どもはほとんどいなくなった。昭和20年代の，戦災孤児や引き上げ孤児が施設入所児童の多くを占める時代には，施設長や職員が身寄りのない子どもたちのまさに親代わりとなって，食べ物や衣類の確保に飛び回り必死に世話に明け暮れた時代もあった。しかし，子どもたちの主な入所理由が，父母の死亡や行方不明から，虐待や貧困などへ大きく変化した現代では，施設保育士は，子どもたちの背後にある貧困問題等の社会的課題をも理解し，多面的な視点で子どもと家族を支援する必要がある。
　また，入所してくる子どもたちの多くが，成育過程における長期間の反復的な

トラウマ（心的外傷）を経験している（p.76参照：発達性トラウマ／発達性トラウマ障害）。子どもたちが不適切な養育環境の中で身につけたマイナスの要因を，なるべく減らし回復させる援助が現在の施設には求められている。そのために施設保育士は，家庭が本来もつ子どもの養育に関する機能をよく理解し，意識して子どもの養護にあたる必要がある。まずは安心して暮らせる家庭的な環境の中で子どもたちがしっかりと護られ，施設保育士をはじめとする職員と安定した関係が築かれることが求められる。その上で衣食住に関連する生活文化や生活力を身につけていくこと，平行して心理療法等を行うことが重要である。

　その一方で，いったん距離を置いた父母との**家族再統合**も重要な課題である。家族再統合を目指すことは**ノーマライゼーション***の理念からも望ましい。児童相談所等関係機関と協力しながら親と施設職員が面接・相談を行ったり，親との面会や週末帰宅を子どもの様子を確認しながら，家族再統合に向けた支援をすることも，施設の果たすべき重要な援助活動のひとつである。

　加えて，2004年の児童福祉法改正により，児童養護施設には，子どもの養護に加え「退所した者に対する相談その他の自立のための援助を行うこと」**もその目的として加えられた。家庭引き取りとなった場合や，施設から退所した子どもたちに対する**アフターケア**が，児童養護施設の重要な役割となった。近年では社会的養護の場を出た後の子どもたちが，安定就労ができないなどさまざまな社会的不利益を被り自立が損なわれている実態や，そこから生じる社会の損失にも注

---

*　ノーマライゼーション（normalization）は1960年代に北欧諸国から始まった社会福祉の理念である。障害者の暮らしが一般社会の暮らしと変わらない質になることを求める考え方から，社会全体がすべての人にとって暮らしやすい状態になっていくことを意味する広がりをもつようになってきている。障害，人種や性別，家庭の状況により差別されることなく，社会生活ができるのが正常なことであるとする考え方であり，それに関する運動や施策なども含んでいる。基本的に反対する人はいないであろうが，理念や立場，その具体的展開方法については，ソーシャルロールヴァロリゼーション（社会的役割），インクルージョン（包含），メインストリーミング（主流化）などさまざまな見方，考え方がある。また，従来型のパターナリスティック（父権主義的，温情主義的）な考え方も残っているのがわが国の現状である。
　本書は，障害児・者や家庭環境が整わない子どもが，自分の可能性や能動性を最大限に生かし，近隣社会の中で差別や排除をされずに暮らすこと，を当為（あるべき存在）と考えている。そして，そのための方法として，ケアの場である施設を通過地点として活用するという考え方をとっている。
**　児童福祉法第41条

目が集まるようになってきている。「新しい社会的養育ビジョン」では，「虐待や
貧困の世代間連鎖を断ち切れるライフサイクルを見据えた社会的養育システムの
確立」が重要であるとしている。

〈施設保育士の倫理と責務 2〉 家庭機能を通じて 総合的に支援しよう

　児童養護施設で実習を終えて戻ってきた学生たちに，どのような実習を行って
きたか実習内容について尋ねると，「食事準備，掃除洗濯などの家事が多かった」
といった答えがよく聞かれる。確かに生活施設における実習ではごく普通の家事
にかかわる業務が多い。その中で施設保育士の専門性*を発揮するとはどのよう
なことなのだろうか。

　社会的養護の場となる児童養護施設等で働く施設保育士は，家庭とはまた違っ
た施設という環境の中で，将来へのさまざまな不安や大人に対する不信を抱えて
入所してくる子どもに対応することが求められる。その際には，家族の代わりと
してではなく，新たな人間関係を結びながら，専門職として家庭機能を発揮する
ことを通じて子どもたちを支援していく必要がある。

　児童養護施設等で子どもたちのケアの中心を担う施設保育士は，家庭機能を意
識した日常生活援助から，その専門性の一歩が始まるといえる。

　家族という血縁関係があり長年慣れ親しんだ人間関係を基礎において営まれる
一般家庭での日常生活と，施設のそれとは少し異なる部分もある。それを意識し
た上で，いかに家庭的環境に近づけるのか，そして子どもたちが家庭で自然と身
につけることを，家庭とは異なった施設という環境の中で，その子どもの状態を
見極めながら身につけていくことができるように工夫・配慮することができるか
が施設保育士にとって重要な課題となる。

　家庭機能を通じて子ども一人ひとりの個別化をはかりながら，その生活課題や

---

* 吉澤英子編著『養護理論』光生館，1989，p.143では，専門性を（1）理論体系の確立（知識と
技術）（2）教育体系の確立（養成と研修）（3）社会的承認（資格と身分）（4）倫理綱領の確立
（公共福祉と自己規制）（5）組織化（固有の領域と文化）としている（瀧口桂子）。

心の問題，家族の再統合と向き合うことができる「総合性」が施設保育士に最も必要とされる専門性である。

〈施設保育士の倫理と責務 3〉 生活の中で専門的ケアに取り組む

　実習中，虐待を受けた子どもと話していたら，とても腹立たしい気持ちになったり，ひどい言葉を投げつけられて傷ついたりしたという経験はないだろうか。これら被虐待児の特徴は，日々養育にあたる施設保育士や**児童指導員**＊に対してもしばしば示される行動である。このような子どもに対しては，心理療法担当職員による心理的な治療も重要であるが，それに加えて施設保育士も，日常生活の中で，望ましい経験を子どもが数多く得られるようにかかわっていく。それは，親など最も身近な大人から受けてきた虐待という不適切な経験を，望ましい経験＝保護され安心感に満ちた日常生活に置き換えていくことでもある。そのためにも，生活文化伝承を意識した生活の営みを，丁寧にそして根気強く行うことが施設保育士に求められている。

　虐待を受けた子どもは，対人関係の中で情緒的問題をしばしば起こす。虐待を受けた子どもに見られる特徴をよく知っておくこと，またこれらの「問題行動」は，養育者からの虐待という子どもには本来受け入れがたい状況下での，生き延びるための子どもなりの懸命な適応行動でもあると理解しておくことは，子どもの理解と支援のために重要である＊＊。虐待を受けた子どもの「**試し行動**」＊＊＊に出会ったときにも，そのことへの理解があれば，混乱も少なく済むし対処もしやす

＊　児童指導員は任用資格であり，その名称の職に就いたとき初めて効力が発生する。児童指導員任用の資格要件としては，従来は大学で，社会，教育，心理学部（学科）を卒業する，教員免許状を取得している等であったが，2011年から，社会福祉士，精神保健福祉士及び大学で社会福祉学を専修する学科またはこれに相当する課程を修めて卒業した者等で，都道府県知事が適当と認めた者が追加された。
＊＊　西澤哲『子ども虐待』講談社，2010，pp.138-159
＊＊＊　試し行動　　わざと困らせるような行為をすることで，相手の反応を見て，自分との関係や愛情，許容範囲などを確認し，相手の気持ちを試すこと。子どものこのような行為は無意識であることが多い。

い。

　最近の入所児童の傾向として，虐待を受けた子どもたちに加え，発達に障害の
ある子どもたちの入所も少しずつ増加している。たとえば，**注意欠如多動症
（ADHD）**＊のある子どもや，**限局性学習症（学習障害：LD）**＊＊のある子ども，**自
閉スペクトラム症**＊＊＊とよばれる障害のある子どもなどである。これらの発達に
障害のある子どもは，家族や周囲の人から理解や支援を得られずいじめられたり，
また人間関係がうまくいかず孤立したりしがちである。当事者の子どもも自身の
特性を認識できないまま，自信を喪失したり，ストレスを抱え込んだりしている
例も少なくない。彼らは障害の特性に加え，長年の不適切なかかわりが継続され
ることにより，情緒的にもゆがめられ複雑な問題性を示す場合が多い。児童養護
施設の他に，児童心理治療施設や，児童自立支援施設を利用している子どもたち
にも発達に同様の障害のある子どもが顕著に増加している。「発達障害」と診断
される諸症状は，脳の器質的要因のみではなく不適切な養育によっても引き起こ
される場合があるため＊＊＊＊，対応には的確な診断や治療を行いうる医療・療育機
関との十分な連携が必須である。

　このように特別なケアを必要とする子どもたちの入所が増えている施設で子ど
もの養育にあたる施設保育士には，生活場面の中で専門的なケアに取り組む力が
求められていることがわかるであろう。

＊　ADHD＝Attention-Deficit Hyperactivity Disorder の略。症状に応じて不注意優勢型，多動性・衝
　動性優勢型，混合型に三分類できる。自分の感情や行動をコントロールするのが苦手である。原
　因を特定するのは困難。
＊＊　LD＝Learning Disorders の略。知的な遅れはないが，他の能力に比べ話す，読む，書く，計算
　するなどの特定の能力に著しい困難を示す。
＊＊＊　DSM-5-TR では，自閉スペクトラム症（Autism Spectrum Disorder）は，①社会的コミュ
　ニケーション，②限局された反復的な行動・興味・活動の2領域の障害によって診断される。な
　お，DSM-Ⅳまでひとつの診断カテゴリーとされていた「アスペルガー症候群」は，発達障害者
　支援法の中には記述が残されている。
　American Psychiatric Association 編／日本精神神経学会日本語版用語監修／髙橋三郎・大野裕監
　訳／染矢俊幸ほか訳『DSM-5-TR 精神疾患の診断・統計マニュアル』医学書院，2023，pp.54-
　65
　森則夫・杉山登志郎・岩田泰秀編著『臨床家のための DSM-5虎の巻』日本評論社，2014，pp.37-
　39
＊＊＊＊　小野真樹『発達障がいとトラウマ―理解してつながることから始める支援』金子書房，
　2021，pp.25-27

施設養護の現代的課題
倫理の確立と権利擁護

子どもを保護し自立を支援する児童養護施設や，保護・治療施設としての児童心理治療施設，非行など環境上の必要によって入所する児童自立支援施設，母子の保護・自立を支援する母子生活支援施設など，種別の相違はあっても，「児童福祉施設」としての共通の課題がある。

〈施設養護の現代的課題 1〉 子どもの権利と義務

2016年の児童福祉法改正において第1条で「全て児童は，児童の権利に関する条約の精神にのつとり，適切に養育されること，その生活を保障されること，愛され，保護されること，その心身の健やかな成長及び発達並びにその自立が図られることその他の福祉を等しく保障される権利を有する」と明記された。第2条では「全て国民は，児童が良好な環境において生まれ，かつ，社会のあらゆる分野において，児童の年齢及び発達の程度に応じて，その意見が尊重され，その最善の利益が優先して考慮され，心身ともに健やかに育成されるよう努めなければならない」とされた。

子どもの権利に関しては，「同時に『義務』や『責任』も教えるべきだ」という意見も聞く。しかし基本的に子どもは大人との力関係において決定的に弱い立場にある。この構造下では，「義務」や「責任」という言葉が子どもの権利を押さえつける形で抑制的に働いてしまう危険性が高い。まず「あなたには権利がある」と伝え，子どもを**エンパワーメント***することを大切にしたい。自分の権利とともに他の人の権利も大切にすることや，意見表明とは，言いたいことを言い

---

* エンパワーメントとは，元来は「力を与えること」の意味の法律用語であるが，ソーシャルワークの分野では，抑圧された人が自分の権利に気づき，自己実現へ向かうために自分に潜在している力を見出し発揮していくことと，またはそのプロセスへの支援として使われている。

放題に伝えることではないことなど，「義務」や「責任」は，時間をかけて生活の中で試行錯誤しながら，子どもが学んでいくことが大切である。

〈施設養護の現代的課題 2〉措置制度と権利擁護

　児童福祉分野において保育所などは利用制度に転換された。社会的養護においては一部**措置制度**が存続するため，子どもの**権利擁護**の具体化が課題である。

　1997年児童福祉法改正において，児童養護施設等の措置における子ども及び保護者の意向を尊重することが盛り込まれた。また子どもと保護者の意向は，**自立支援計画***に必ず記載されることとなった。

　2004年改正では，家庭裁判所の承認を得て都道府県が行う児童福祉施設への入所措置については，期間を2年間と限定し，2017年改正では，虐待を受けている児童等の保護者に対する指導への司法関与が強化された。

　2022年改正においては「児童相談所等は入所措置や一時保護等の際に児童の最善の利益を考慮しつつ，児童の意見・意向を勘案して措置を行うため，児童の意見聴取等の措置を講ずることとする」**とされ，「新しい社会的養育ビジョン」で提案された**アドボケイト**（**意見表明等支援員**）の仕組みが今後具体化されることになっている。一時保護開始時の判断に関しても司法審査が導入された。

---

*　自立支援計画とは，子どもが入所してから退所に至るまで，一貫性をもって取り組む援助計画で，1998年に義務づけられた公的な書類。2005年に「児童福祉施設最低基準」（当時）にも規定された。詳しくは「第9講Ⅲ〈社会的養護の仕組み3〉自立支援計画」（p.134）を参照。
**　厚生労働省「児童福祉法の一部を改正する法律（令和4年法律第66号）の概要」，2022

〈施設養護の現代的課題 3〉 子どもの能動性の尊重

「条約」では，子どもの捉え方が，「良い方法を大人が決めてあげよう」という**パターナリズム***ではなく，「子どもが自分で考える」という能動性を尊重する考え方に変化している。「条約」は，標語として飾っておくものではなく，施設のあり方や子どもの育ちを考えていく中で，具体的に向き合っていくべきものである。実践の中で，常に「条約」に立ち返っていくことが必要である。

「国連子どもの権利委員会」は「条約」を批准した各国での子どもの権利にかかわる施策状況を監視する機関であり，締約国政府が出す報告書に対し，勧告・提案を含む「総括所見」を提出している。これに法的拘束力はないが，政府だけでなく広く国民に知らせ「条約」の実現に取り組むように求められているもので，子どもの人権擁護についての具体的な指摘は，施設でのサービスのあり方にも非常に示唆を与えられるものである。

日本が受審した1998年の第1回審査では，子どもからの苦情や権利侵害に関してのデータが未収集であること，子どもの権利の具体化について監視する権限のある独立機関がないこと，施設に措置される子どもたちに対して十分な代替的養護を提供するシステムがないことが指摘された。

2004年第2回審査では，プライバシーのない施設設置基準や体罰の問題について改善が求められた。体罰は法律で禁止すべきこと，体罰の影響について周知すること，学校や施設での不服申し立て制度を効果的に強化すべきことなどが具体的に勧告されている。

2010年第3回審査では，諸政策やサービスにおいて「子どもの最善の利益」の理念が実現され，監視されることが確保されるように努力すべきと勧告された。子どもの意見表明権については，児童福祉サービスが子どもの意見を重視していないこと，政策立案過程において子どもの意見が配慮されることがほとんどない

---

* 父権主義・温情主義と訳される。指導的立場にいるものが決定権をもち，本人に代わって，物事を決めていったり，動かしたりすることを良しとする考え方で，旧来の福祉実践の中に見られた行動パターン。

点などに懸念が示された。

　2019年第4回・5回審査においては，「差別の禁止」「子どもの意見の尊重」「体罰」「家庭環境を奪われた子ども」などについて指摘があった。子どもに対するあらゆる暴力の禁止や権限のある独立した監視機関を確保すべきこと，年齢制限を設けることなく子どもに影響を与えるすべての事柄について自由に意見表明する権利を保障することなど，従来の勧告から継続した内容がかなり含まれる＊。近年の児童福祉法改正やこども家庭庁による施策推進により，勧告がどのように受けとめられ改善が図られるかが今後の課題である。

【引用文献】

森田ゆり／部落解放・人権研究所編『エンパワメントと人権―こころの力のみなもとへ』部落
　　解放・人権研究所（解放出版社），1998★

日本弁護士連合会「子どもの権利条約　報告書審査」

西澤哲『子ども虐待』講談社，2010★

小野真樹『発達障がいとトラウマ―理解してつながることから始める支援』金子書房，2021

吉澤英子編著『養護理論』光生館，1989

【参考文献】

栄留里美・長瀬正子・永野咲『子どもアドボカシーと当事者参画のモヤモヤとこれから』明石
　　書店，2021

堀正嗣・子ども情報研究センター編著『子どもアドボカシー実践講座―福祉・教育・司法の場
　　で子どもの声を支援するために』解放出版社，2013

木附千晶・福田雅章／DCI 日本＝子どもの権利のための国連 NGO 監修『子どもの力を伸ばす
　　子どもの権利条約ハンドブック』自由国民社，2016

森田ゆり編著『沈黙をやぶって―子ども時代に性暴力を受けた女性たちの証言＋心を癒す教
　　本』築地書館，1992★

森田ゆり『子どもの虐待―その権利が侵されるとき』（岩波ブックレット No.385），岩波書店，
　　1995★

杉山登志郎『発達障害のいま』講談社，2011

坪井節子『困難を抱える子どもにどう寄り添うか』ジアース教育新社，2022★

＊　日本弁護士連合会「子どもの権利条約　報告書審査」
　　https://www.nichibenren.or.jp/activity/international/library/human_rights/child_report-1st.html

第3講

家庭の機能と社会的養護

　本講の目的は，家庭機能が発揮される児童養護の場の多様性とその現状を理解することである。

　そのために以下について解説している。

① 子どもが生活するさまざまな家庭や里親について

② 社会的養護のもとをなす家庭機能の枠組みについて

③ 社会的養護を実践する場の全体像について

　また，重要な概念として「社会的養護」「施設養護」「家庭養護」についても大まかに述べている。

　社会的養護を学び始めるにあたり，家庭の多様性や現代家族の課題，子どもを養護する場の種類について知り，同時に必要な基礎的知識を身につけてほしい。

Ⅰ 子どもが生活する場から
社会や家庭の役割

　家族は現代という時代そして現代という社会の中で暮らしている。家庭は環境として子どもの成長に影響を与える。そして，家庭はその時代，社会の影響を受けて変化し続けている。

　子育てをしている家庭に一番近い社会は，近隣社会である。家庭は近隣社会の中にあり，子どもは幼児期からその中で育っていく。幼児は小学生，中学生，高校生と成長し，より広い世界に巣立っていく。巣立ったあとも，子どもは家庭やそれまでの生活に影響を受け続ける。家庭は子どもの生活の核となる場として重要な存在である。

　では，子育てをする家族はどのように，周囲の環境から影響を受け，それが子育てや子どもの生活にどのように影響していくのであろうか？

　さまざまな家族の暮らしを例にとって考えてみよう。

〈それぞれ違う家庭像 1〉生まれた時代や場所による違い

　国や時代の文化，社会の思想や政治のあり方によって，家庭のあり方や考え方，子どもの育ち方は変化していく。

　1940年代前半のことを考えてみよう。ある家族に5人目の子どもが生まれた。男の子だ。「ばんざい！」その子は国の財産であり，戦争に行くことができる国の力だ。一番上の女の子は13歳。家事をする，そのうち男の子を産む，という意味で価値ある存在だった。やがて，戦争が激しくなり，小学生のきょうだいたちは田舎に集団疎開した。子どもは知らない土地で，他人の世話を受けて暮らしている。家族はばらばらだが，それは珍しいことではないので，全く問題にはならない。子どもは，お腹がすいているのが当たり前。「早く大人になって，戦争に行きたい」と男の子は思っている。

　現代社会，ある家族に子どもが生まれた。

　「嬉しい。女の子だわ。可愛い洋服を着せましょう。ピアノを習わせたいわ」とお母さんは大喜び。お父さんは「女の子も社会で活躍する時代。頭が良い子に育って良い大学に入れますように……」と言っている。小学生になった子どもは，毎日習い事で忙しい。子どもは学校で「危ないから一人で歩いてはいけません。近所で会った知らない人と話をしてはいけません」と安全教育を受けている。

　これは，半世紀以上を隔てた日本のそれぞれの家族の暮らしの一コマである。時代のあり方により，家族の中の子どもの位置づけ，親子の関係，子どもの暮らしぶり，育ち方，それに伴ってつくられる価値観，心に描く将来像や人間観が変化することが少しわかっただろうか。

　このような家族は，現代家族の中の一部である。現代は多様化の時代といわれている。ではその多様な家族の暮らしを見てみよう。

〈それぞれ違う家庭像 2〉家庭の潜在力による違い

　子どもと親は別の存在，といっても，子どもは家族の勤め先，友人，社会的地位などから影響を受ける。

　ある家庭では，四季折々に家族で旅行に行く。両親の友人と一緒にキャンプに行くときもある。そのときに両親の友人のする面白い話やみんなでするゲームなどを子どもは楽しみにしている。両親は，友人の夫婦と子どもの教育や生活環境について話し合っている。子どもは両親の友人から，いろいろな仕事について聞く機会が多く，「大人になったらどんな仕事に就こうかな」と大人になるのが楽しみになっている。

　別の家庭では，父親はお酒を飲むといつも仕事の愚痴や会社の同僚の悪口を言い，苛立ちを子どもにぶつけている。母親もやはり仕事の愚痴が絶えず，また，生活費や教育費が足りないと言って嘆いている。子どもは大人になるのが嫌になっている。

　このように，子どもは家族の価値観，人間観，収入や社会的地位，人間関係などから影響を受けて育っていく。それは，家族に何らかの問題が発生したときに，

はっきりと見えてくる。以下の例を見てみよう。

　ある家庭では，母親が病気になり，長期入院が必要になった。しかし，母方の祖父母が泊りがけで来て，祖母は家事や子どもの世話をした。祖父は幼稚園の送り迎えをしてくれた。子どもの父親は安心していつもどおり会社に行くことができた。やがて母親は健康を取り戻し，生活は前の状態に戻った。

　別の家庭でも，母親が病気になり，長期入院が必要になった。しかし，子どもの世話を頼める親戚も友人もいない。幼稚園の送り迎えができないので，父親は子どもを休ませることにした。父親は家にパンとカップ麺をおいて出かけ，子どもは毎日家の中で留守番をしている。父親は仕事を休みがちになり，収入が減った上に，入院費が負担になって，家計は苦しくなり暗い顔をしている。やがて母親が退院したが，その頃には，子どもの顔色は悪く生活習慣も乱れ，落ち着きがなくなっていた。まだ体調が十分ではない母親にとって，育児はいらいらする，つらいものになっていた。

　子どものせいではないのに，家族の状況により子どもの暮らしは大きく異なるものとなることがわかる。これが，子どもの成長に影響していく。このマイナスを少なくしていくのが，福祉の仕事，保育士の役割である。

〈それぞれ違う家庭像 3〉親の子育て観による違い

　現代では，子育ての状況が大切だといわれており，実際に子育てをしている親，特に母親からは「育児がたいへん」という声が聞かれる。たいへんでも，充実感が得られるか，というと，「子どもと一緒にいる時間がつらい」「自分の時間がほしい」という親の希望が前面に出て，「できるだけ子どもを預かってほしい」という傾向が見られる。

　子育てに時間を使うために仕事量を減らすと，収入が少なくなる。現代社会では，経済力が個人の価値の指標とみなされる風潮があるために，親として生活に重心を置く人は，自分の価値が低くみなされていると感じることがある。

　「子どもが生まれてから，自分の将来に希望がもてなくなった」という気持ちも聞かれる。現代では，子育て後の人生がとても長いが，いったん正規職員でな

くなると，多くの場合，元の職場へ復帰したり新たに正規職員として職を得たりすることは難しい。日々育ちゆく子ども，会社でキャリアを積んで活躍する他の人に比べて，自分は失っていくものが多い，と感じる人もいる。子どもの成長が自分の人生の充実だとは感じられず，「自分は一体何なのだろう」と悩む，子どもを可愛いと思えない，子どもに適切にかかわれない，という気持ちでいる親が増えている。これを子育て不安*という。

　うまくいかない子育てを非難されたり，それを隠したりしているうちに，問題が見えないところで大きくなっていくことがある。経済的困難や家族間の関係に問題がある場合や，子どもに障害が疑われる場合などにはその問題はさらに複雑化する。

〈それぞれ違う家庭像 4〉情報化社会で情報を受け取る力

　子育ての課題のひとつに情報の問題がある。インターネットが普及し，マスメディアも個人も日々大量の情報を発信している。その情報の中で，今の自分に必要な情報，子育てに必要な情報を得るためには，情報を得る力とともに，情報を見分ける力が必要になる。

　情報により消費意欲をかき立てられた親が，どちらかと言えば自分が我慢することが多い子育て期を，暮らしにくいと感じることもある。

　多くの情報を得ているのだが，自分が今している子育てに関して適切な情報を得られていないこともある。その結果，離乳食の与え方がわからない，子どもの育ちを理解できない，といった問題が発生している。

　メディアを通じてさまざまな情報が得られるが，今の自分の子ども，現時点の自分の子育てに必要な，直接の人間関係から得られる，身近なナマの情報がとても少ないのである。それが，子育ての方法がわからない親が多くなった一因ともなっている。

　子育て相談で，「子どもが，離乳食を少しも食べない」と言う8か月児の母親

＊　大日向雅美「育児不安とは何か—その定義と背景　発達心理学の立場から」『こころの科学』103，2002，pp.10-14の定義から。

に「では，いつも作っている離乳食を持ってきてください」と言うと，持ってきたものは，シュウマイを4つ切りにしたものと，焼きそばを短く切ったものであった。母親は，「『親が食べているものを細かくして食べさせる方法でかまわない』と聞いたから……」と言う。たとえば，シチューのジャガイモをつぶす，うどんをよく煮て細かくして与える，という意味だったのだが，離乳食を今まで見たことがなかったのである。

　また，別の母親は，「自分の時間をもち，リフレッシュすると良い」という情報をテレビから得て，自分の時間は午後2時から3時と決めた。そして，「その時間には子どもの泣き声が聞こえないよう，トイレに子どもを閉じ込めて，自分は週刊誌を読んでリフレッシュしている」と話した。子どもに関する理解に乏しく，具体的な子育ての方法の工夫がわからないのである。極端なようであるが，これは，実際にあった話である。

　子育て支援者が集うと，このような話は限りなく出てくる。親が悪いのであろうか？　たまたま「変な親」が多かったのであろうか？　情報の時代といわれながら，親の情報を受け取る力に見合った情報提供がなされていないこともその問題を大きくしている。「変なこと」が多く起こるということは，社会全体に問題があると考えるべきではないだろうか。

〈それぞれ違う家庭像 5〉家庭の中の子どもの居場所

　前述したように，子育ての問題は家庭のみに原因があるわけではない。社会全体のしわ寄せが，家庭の子育てに現れているのである。児童虐待が増えていることもそのひとつである。社会のしわ寄せが，家庭の中で弱い立場の子どもの上に現れているともいえる。

　そのような子どもが暮らす代表的な場としての施設では，子どもたちは複雑な課題を背負っている。その子どもたちには家庭がある場合が多いが，その家庭では暮らせないのである。家族の問題や子育ての課題を解決する親自身の力が弱く，近隣の協力者や情報，親族のつながりや経済力に乏しく，ついには，子どもが居場所を失ったといえる。

　本当は家庭で暮らせることが子どもにとって最も良いことであるのかもしれないが，その時点でのその子どもにとっては，施設で暮らすことが適切な選択である場合もある。その際，子どもが心の中に自分の家庭の姿を大切にもちながら暮らせるように支援することが求められる。そして，可能ならば，できるだけ早く家族が力を取り戻し，子どもが家庭という居場所を得られるように，子どもの家族を支援する必要がある。

Ⅱ　家庭の機能*とは
家庭の役割

　養護の中で子どもに対応する際に，意識すべき家庭機能の枠組みとして，養育，保護，休息（回復），生活文化伝承，生命倫理観の醸成（宗教など）がある。

〈社会的養護の源流をなす家庭機能 1〉養育機能

　養育とは，子どもを扶養し，その世話をして心身の成長を促すことである。施設では家事を行うが，それは単なる雑用ではなく，子どもを養育するための専門的な行為なのである。

　食事を例にとって考えてみよう。食事は，単に身体を育てるためだけに食べさせれば良いのではない。子ども一人ひとりの好み，その日の食欲や体調などに気を配りながら栄養面なども考慮しつつ食事を提供し，ともに食べる。そこに会話や互いを思いやる心遣いがあり，子どもがそれを感じることにより，からだとともに心が育っていくのである。その根底には個々の状況を見て，感じ取るという専門性に根差した愛情の交流がある。施設は，他人から構成される集団であり，入所理由もさまざまである。だからこそ，施設において家庭的な養育機能を発揮するためには専門的な知識・技術を根底にもちながら日常的な養育にあたること

*　家庭機能について本書では吉澤英子により児童福祉，児童養護の視点から整理された考え方を用いている。（2002年度大正大学大学院講義録より）

が必要になる。

〈社会的養護の源流をなす家庭機能 2〉保護機能

　家庭は社会に存在する危険や孤立から子どもを物理的，精神的，肉体的に保護する場である。家に帰れば自分の居場所があり，家の外で出会う危険や嫌なこと，辛い経験は家の中まで追ってはこない。怖いことや危ないこと，敵意や批判から逃れて，安心して暮らせる場が家庭なのである。振り返ってみれば，第二次世界大戦後の児童養護施設にまず求められた機能は，夜露や犯罪から身を護るという，この保護機能であった。

　いいかえれば，家庭と外界との間にバリアーをつくり，子どもを外敵から遠ざけることがこの機能の意味するところである。しかし，保護すべき家庭が子どもを保護できないばかりか，子どもを傷つける側に回ること（虐待）がある。その場合，家庭と外界にあるバリアーが虐待発見の障壁となる。その意味から，施設の場合，事情によっては，「保護」の機能は子どもを家庭から保護し，別のバリアーの中で養育することを意味することもあろう。

〈社会的養護の源流をなす家庭機能 3〉休息機能

　誰にも遠慮しないで，緊張感をほぐして手足を伸ばし，心地良い椅子や畳，布団の上で疲れた体をゆっくり休ませられる場として機能することも家庭の存在意義である。

　また，弱い自分・失敗した自分を無条件に受け入れてくれる所が家庭であり，それが子どもにとっての精神的休息になる。精神的休息が確保されてはじめて，人間らしい気持ちのゆとりができるのである。家庭で安らげない状態であった入所児にとって，施設が休息機能を発揮することは大きな意味をもつ。

　身も心も休まらないような生活をしてきた子どもに対応する施設では，家庭で得られるはずだった休息機能の発揮を通じて，人として育つための時間と空間と安定した人間関係を提供する必要がある。本書では，家庭のもつ休息機能の必要

性を施設という場でより明確に意識してほしいという願いをこめて，「子どもで
あることへの回復」（p.76）として社会的養護の原理に位置づけた。

〈社会的養護の源流をなす家庭機能 4〉 生活文化伝承機能

　子どもが社会人として一人立ちするまでには，その社会の生活文化を身につけ
る必要がある。生活文化とは，社会生活の基本となる，自分が所属する社会やそ
の時代において一般的とされている行動様式，生活習慣やモラル，伝統行事，日
常生活上の知識などである。具体的には，日々の暮らしの中で行われている生活
の所作，挨拶の仕方や人との付き合い方，家事のやり方，四季折々の祝い事や弔
事の進行方法などである。

　子どもは，保育士の行動や施設の日々の暮らしからこれらを学ぶことが多いの
ではないかと思われるが，施設という環境ゆえの難しさもある。本書では，家庭
機能の生活文化伝承を，「生活文化と生活力の習得」（p.88）として取り上げた。

〈社会的養護の源流をなす家庭機能 5〉 生命倫理観の醸成機能

　世界的には，宗教が理屈抜きの説得力をもって，生命観や倫理観醸成の基盤を
形成してきた側面がある。わが国では宗教的な意味合いを意識する，しないにか
かわらず，生命観や倫理観は生活文化と深くかかわりながら，家庭で子どもに伝
えられてきた。家庭生活を通じて生命観，自然観，性的なモラルなどの価値観，
倫理観などが醸成され，無意識に身につくのである。

　施設において養護される子どもの生命倫理観は，保育士が子どもとともに深く
考えながら，日々の暮らしを通じて伝えていく必要があると考えられる。本書で
はこれを，社会的養護のひとつ，「生命倫理観の醸成」（p.103）として生と性の問
題を含めて取り上げる。

社会的養護を実践する場
児童養護の体系

〈社会的養護の実践の場 1〉 家庭養護と施設養護

　図3-1は社会的養護を実践する場の全体像である。里親と小規模住居型児童養育事業（以下「ファミリーホーム」とする）による養育を「家庭養護」，施設における養護を「施設養護」とした。このように，社会的養護の場は「家庭養護」と「施設養護」に大きく分けられる。児童福祉法第7条では，助産施設，乳児院，母子生活支援施設，保育所，幼保連携型認定こども園，児童厚生施設，児童養護施設，障害児入所施設，児童発達支援センター，児童心理治療施設，児童自立支援施設，児童家庭支援センター及び里親支援センターを児童福祉施設として規定しているが，実態はさらに細分化されている。本書では，子どもが暮らす生活型施設と里親・ファミリーホームを，社会的養護を実践する場として取り上げている。児童養護施設等を退所した者に，生活の場と就労の指導や支援を提供している自立援助ホーム（p.233に概要紹介）もあるが，その役割や性格の違いから，図3-1には加えていない。

　新たな社会的養護の在り方に関する検討会が2017年8月に取りまとめた「新しい社会的養育ビジョン」では，2016年の児童福祉法改正を受け，2011年に提言された「社会的養護の課題と将来像」を全面的に見直し，代替養育は家庭での養育を原則とすること，専門的な治療的ケアが必要な場合には子どもへの個別対応を基盤とした「できる限り良好な家庭的な養育環境」を提供し，短期入所を原則とすることが示された。今後はこのビジョンに沿って，市町村と児童相談所の支援体制の充実が図られるとともに，子どもが暮らす生活型施設の小規模化，地域分散化，高機能化が進むことが想定される。このような中にあって，保育士は今後その専門性をどのように発揮できるのだろうか。

　その問いに応えるためにも，社会的養護の学びにおいては，家庭機能を視点と

する必要性がますます高くなっている。

〈社会的養護の実践の場 2〉施設養護の場

　施設養護の場となる各施設の目的を，児童福祉法は次のように定めている。
　① **乳児院**（第37条）
　乳児（保健上，安定した生活環境の確保その他の理由により特に必要のある場合には，幼児を含む。）を入院させて，これを養育し，あわせて退院した者について相談その他の援助を行う。
　② **母子生活支援施設**（第38条）
　配偶者のない女子又はこれに準ずる事情にある女子及びその者の監護すべき児童を入所させて，これらの者を保護するとともに，これらの者の自立の促進のためにその生活を支援し，あわせて退所した者について相談その他の援助を行う。
　③ **児童養護施設**（第41条）
　保護者のない児童（乳児を除く。ただし，安定した生活環境の確保その他の理由により特に必要のある場合には，乳児を含む。），虐待されている児童その他環境上養護を要する児童を入所させて，これを養護し，あわせて退所した者に対する相談その他の自立のための援助を行う。
　④ **障害児入所施設**（第42条）
　以下の区分がされており，入所による障害児への支援を行う。
　　1　福祉型障害児入所施設　保護並びに日常生活における基本的な動作及び独立自活に必要な知識技能の習得のための支援
　　2　医療型障害児入所施設　保護，日常生活における基本的な動作及び独立自活に必要な知識技能の習得のための支援並びに治療
　⑤ **児童心理治療施設**（第43条の2）
　家庭環境，学校における交友関係その他の環境上の理由により社会生活への適応が困難となつた児童を，短期間，入所させ，又は保護者の下から通わせて，社会生活に適応するために必要な心理に関する治療及び生活指導を主として行い，あわせて退所した者について相談その他の援助を行う。

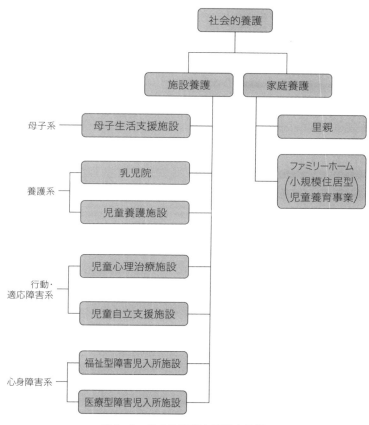

図3-1　社会的養護を実践する場

⑥ 児童自立支援施設（第44条）

　不良行為をなし，又はなすおそれのある児童及び家庭環境その他の環境上の理由により生活指導等を要する児童を入所させ，又は保護者の下から通わせて，個々の児童の状況に応じて必要な指導を行い，その自立を支援し，あわせて退所した者について相談その他の援助を行う。

　なお，各施設に関しては，第10講以降に詳しく取り上げている。

〈社会的養護の実践の場 3〉 家庭養護の場

　親の離婚や虐待などにより，生まれた家庭で生活できない子どもたちを家庭に
代わって養護する場として，家庭養育に最も近い社会的養護の形は，里親による
養護である。ここで少し**里親制度**について紹介しておこう。

（1）里親

　児童福祉法では，里親を次のように規定している（第6条の4）。

1　内閣府令で定める人数以下の要保護児童を養育することを希望する者（都道府
　県知事が内閣府令で定めるところにより行う研修を修了したことその他の内閣府令
　で定める要件を満たす者に限る。）のうち，第34条の19に規定する養育里親名簿
　に登録されたもの（以下「養育里親」という。）

2　前号に規定する内閣府令で定める人数以下の要保護児童を養育すること及び
　養子縁組によつて養親となることを希望する者（都道府県知事が内閣府令で定
　めるところにより行う研修を修了した者に限る。）のうち，第34条の19に規定する
　養子縁組里親名簿に登録されたもの（以下「養子縁組里親」という。）

3　第1号に規定する内閣府令で定める人数以下の要保護児童を養育することを
　希望する者（当該要保護児童の父母以外の親族であつて，内閣府令で定めるものに
　限る。）のうち，都道府県知事が第27条第1項第3号の規定により児童を委託
　する者として適当と認めるもの

　欧米では社会的養護の主流は里親だが，日本では施設養護が主流で里親委託は
まだまだ少ない状況にある。

　里親には，「**養育里親**」「**専門里親**」「**養子縁組里親**」「**親族里親**」の4種類があ
る。里親制度は2002年に大幅に見直しがされ，「専門里親」「親族里親」が創設さ
れて「養育里親」「短期里親」「専門里親」「親族里親」の4種類になった。その
後2008年の児童福祉法改正で，まず養育里親と養子縁組里親に区別し，さらに養
育里親の中から専門里親を区別する形となるとともに，短期里親は制度上区別せ
ず養育里親の中に含めることとなった。この他**里親認定登録制度**も見直され，養

育里親に対する研修が義務化されるとともに欠格事由の法定化に加え，里親手当も引き上げられ，里親の制度的位置づけが明確化されている。さらに2016年の制度改正で，養子縁組里親の法定化と研修の義務化及び欠格要件や都道府県による名簿登録について規定された。

(2) ファミリーホーム（小規模住居型児童養育事業）

　「里親及びファミリーホーム養育指針」*によれば，ファミリーホームは，「養育者の住居に子どもを迎え入れる家庭養護の養育形態」であり「里親家庭が大きくなったものであり，施設が小さくなったものではない」とされている。ファミリーホームの基本型は夫婦の養育者に補助者 1 名の 3 名で，5 ～ 6 人の子どもの養育にあたっている。

　なお，里親制度とファミリーホームについては，第13講で詳しく述べている。

【引用文献】
大日向雅美「育児不安とは何か―その定義と背景　発達心理学の立場から」『こころの科学』103，2002
【参考文献】
カレル・ジャーメインほか／小島蓉子編訳・著『エコロジカルソーシャルワーク―カレル・ジャーメイン名論文集』学苑社，1992
後藤澄江『現代家族と福祉』有信堂高文社，1997
金子勇・松本洸編著『クオリティ・オブ・ライフ―現代社会を知る』福村出版，1986
Susan P. Kemp, James K. Whittaker, and Elizabeth M. Tracy, *Person-Environment Practice : the Social Ecology of Interpersonal Helping*, Aldine de Gruyter, 1997
スーザン・ケンプ，ジェームス・ウィタカー，エリザベス・トレーシー／横山穣ほか訳『人-環境のソーシャルワーク実践―対人援助の社会生態学』川島書店，2000
孝橋正一・平田マキ編『現代の家庭福祉』ミネルヴァ書房，1989
小松源助『ソーシャルワーク実践理論の基礎的研究―21世紀への継承を願って』川島書店，2002
L. マグワァイア／小松源助・稲沢公一訳『対人援助のためのソーシャルサポートシステム―基

＊　厚生労働省「里親及びファミリーホーム養育指針」（平成24年 3 月29日）

　礎理論と実践課題』川島書店，1994

三浦展『「家族」と「幸福」の戦後史―郊外の夢と現実』講談社，1999★

小笠原祐次・福島一雄・小國英夫編『社会福祉施設』有斐閣，1999★

『里親と子ども』編集委員会編『里親と子ども』4，2009

関口裕子ほか『家族と結婚の歴史』森話社，2000★

高木侃『三くだり半と縁切寺―江戸の離婚を読みなおす』講談社，1992

高木侃『三くだり半―江戸の離婚と女性たち』平凡社，1999

上野千鶴子『近代家族の成立と終焉』岩波書店，1994

吉澤英子編著『養護理論』光生館，1989

吉澤英子・小舘静枝編『養護原理』ミネルヴァ書房，2001

第4講

社会的養護の基本原則Ⅰ　養育
―日常生活支援―

　　本講の目的は，子どもの権利擁護と発達保障という観点から，生活型児童福祉施設における養育のあり方について，児童養護施設を例に学び，施設養護の展開上，基盤となる以下の〈社会的養護の基本原則：養育〉の7原則を具体的に理解することである。
　①「子どもの人権に配慮した暮らし」
　②「基本的欲求の充足」
　③「個別化と選択」
　④「安全と安心」
　⑤「生活規模を小さく」
　⑥「子どもの人間関係にも配慮して」
　⑦「良い子であることを求めすぎない」

Ⅰ 施設養護における養育
範囲と内容

　生活型児童福祉施設では，衣食住にかかわる具体的な仕事を，ともすれば表面的にこなしがちになるが，その背後にある原則を十分確認しながら，養育の範囲と内容を考えていく必要がある。入所した子どもが，自分が大切にされていると実感できるために，また，大人から支配され無力感を感じるような関係ではなく，新しいかかわりを獲得していくために，施設の生活の中で必要とされる基本的視点を考えてみよう。

社会的養護の基本原則：養育 1
子どもの人権に配慮した暮らし

　養護の現場では，施設長をはじめとする全職員に，子どもの権利についての認識が明確にあることが求められる。それには，職員の側だけが権利について理解していれば良いということではない。施設生活を送る子ども自身に，一人ひとりが大切な存在として扱われ差別されないことを伝えること，また施設内で保障される権利内容について十分に説明し，理解できるよう援助することが重要である。
　人権について課題となる事項を以下にあげてみよう。

①知る権利

　子どもには，施設で生活する理由や施設での約束事などについて，年齢に合わせた方法を使い，本人が納得できるような説明を，十分に受ける権利がある。また自分の成育歴や家族の情報，施設内での記録を子どもへ開示することなどについても，子どもが知りたいと申し出てきた場合，子どもの利益を考慮しながら，何をいつどのように伝えるか児童相談所の担当福祉司と連携しつつ検討しなくてはならない。

②意見を表明する権利

施設の中で，子どもが個別に意見を言える状況にあるかどうかだけでなく，組織として子ども会などが存在し，施設の運営に子どもの意見が反映されているか等も重要である。子どもたちに，自分の意見をもって良いことを理解できるように援助し，表現力を育てることが大切である。

③情報および資料を利用する権利

これは児童の権利に関する条約第17条に関連することがらである。たとえば，鳥取県の**子どもの権利ノート***の場合は「…本やテレビなどからいろんなことを知ることは，とても大切なことだよ。ほかにも「こんなことが知りたいなぁ」と思ったら，施設の人に相談してね」**とされている。

この権利には子どもの利益を害する情報からは，子どもを護るという側面もある。情報を制限する場合には，子どもへの説明や，職員間での一致した検討が当然なければならない。

④プライバシーが守られる権利

この権利は物理的な問題と情報とにかかわることがらである。所持品が安全に保持できる空間があるかということは，子どもが安心感を抱けるかどうかに大きく影響してくる。子ども同士でもお互いの空間を安易に侵害しないような体制をつくっていかなければならない。子どもにかかわる情報は施設内の会議で扱われた場合も慎重に取り扱うだけでなく，たとえば職員が他の子どもに洩らさないということも含まれる。

⑤家族と交流する権利

子どもが手紙，面会帰宅，電話などの手段によって，家族との関係を維持

---

*「子どもの権利ノート」は，児童福祉施設に入所した子どもに配られており，内容は児童の権利に関する条約に沿ったものとなっている。その目的は，入所にあたり，子どもの不安感を和らげること，子ども自身が自らの権利に気づくよう働きかけること，権利侵害があったときの対処方法を子どもに知らせること，施設職員が子どもの権利への配慮を意識化すること，などがある。
　その活用にあたっては，子どもに権利ノートを手渡す意味や書かれている内容を子どもにわかるように説明するとともに子どもが自分の意見や気持ちを言いやすい環境をつくることが求められる。詳しくは第14講（p.210）で解説している。
**　鳥取県「こどもの権利ノート―施設で生活するってどんなこと？（令和3年4月改訂版）」（小学生版），p.10。他に「乳幼児版」「中高生版」がある。

することは，児童養護施設による家族再統合への支援の重要な柱となっている。しかしそれについては，常に子どもにとっての利益に沿うものかどうかが慎重に検討されていなければならない。現在は各施設に，**家庭支援専門相談員**が配置されて専門的な支援にあたっている。

⑥思想・良心・宗教に関する権利

　児童福祉施設は宗教的背景をもったところも多いが，子どもには「**思想・良心・信教の自由**」が保障されているかということも十分配慮しなくてはならない。食事をする前にみんなで一斉に宗教的な歌を歌うことを強制するようでは，宗教の選択の自由がないことになる。宗教や哲学などにかかわるものを提示し，子どもが選択できることは必要であるが，強制になってはならない。

⑦体罰・虐待・搾取・性的な被害・差別から守られる権利

　体罰や暴言などを含めて，子どもの人格を傷つけるような不適切な言動が，職員や他の子どもからないかどうか，チェックできる施設内での安全体制づくりが必要である。また差別の禁止に関しては，性的マイノリティの子ども，両親が婚姻関係にない子ども，外国にルーツをもつ子どもなどを含め十分に配慮した対応が求められる。

社会的養護の基本原則：養育 2
基本的欲求の充足

　子どもにとって，衣食や適切な環境整備，医療の保障などにかかわる事柄は非常に重要な意味をもつ。食事はただ栄養を得るためだけではなく，子どもの好みが生かされていたり，「自分のために」用意された，と感じられたりするような雰囲気や配膳が工夫される必要がある。また，たとえばどんなにお金のかかった布団であっても，手入れされていなければ，子どもは生理的に安心を感じることはできないだろう。職員が寝具の洗濯をしたり，日に干したりするのを見たとき，子どもは「自分のためにやっている」と感じることができるし，職員も「あなたを大切に思っている」ということを言葉で言うだけでなく，行動で伝えていくこ

とができる。

　低年齢児ほど身体的な要素に影響されやすく，情緒不安定だと思っていたら実は体調不良だったとか，職員の言葉掛けが伝わりにくいと訴っていたら耳の病気によって聞こえにくくなっていたなど，思わぬ理由があったりするものである。子どもの身体状況や生活環境については，全般について丁寧に観察し判断できる目が職員には必要である。

　排泄や性にかかわることにも職員が注意深く対応していく必要がある。発達に課題がある子どもは，年齢不相応に排泄の失敗をしやすいし，また情緒的に不安定なときに，お漏らしをしたりすることがある。当然のことであるが子どもの羞恥心に配慮した対応が必要である。

　性教育に関しては適切な性知識を伝えたり，多様な性についての理解を促すとともに性的被害からの安全を図るという側面も重要である。

　さらに**性的虐待**を受けた子どもへは，非常に専門的な対応を要する。施設全体で十分な共通理解をもち，児童相談所等外部の専門機関と連携して，慎重に行っていくようにする。

社会的養護の基本原則：養育 3
個別化と選択

　施設においても生活の全般に，その子どもの意思が反映されることが大切である。たとえば衣類に関して，以前は一括購入をして，施設の子どもみんなが同じような衣類を着ている，というような時代もあった。しかし現在では，一人ひとりの趣味を確認しながら，子どもと一緒に衣類を買いに行く機会をつくるなどの工夫がされている。

　衣類の選択に限らず「どっちがいい？」と尋ねられる機会が多ければ多いほど子どもには良い影響がある。低年齢児であれば最初はうまく言えないかもしれない。またそういうことを聞かれたことがなかった子どもには，「どっちでもいい」「別に」という答えが多いかもしれない。それでも「あなたは，どうしたい？」「どれがいい？」「希望を言っていいのですよ」ということを生活の中で伝え続け

なくてはならない。職員が良かれと思って決めてしまうことのほうが簡単であり，子どもも大きな声で反対はしないかもしれない。しかし日々の小さな選択を通して，職員と子どもとの関係を対等なものにしていくことが大切である。

　低年齢児が泣いたとき高年齢児がフォローしたり，高年齢児が低年齢児たちのけんかを職員の代わりに仲裁したりする場合がある。そのような場合は高年齢児に対して「子どもでもきちんと役割を果たしている」ということを評価するとともに，その子ども自身の気持ちを個別に理解するようにしたい。高年齢児でも子ども固有の権利があり，子どもとして大人にいたわられたり，依存できる場面をつくる必要がある。

　生活場面では，「その子だけに」という対応をすることにより，さらに個別化していくかかわりが求められる。たとえばその子の好きなものを入れてお弁当を作る，大切にしていた衣服がほころびたときにその大切だという気持ちに思いを寄せて繕う，などのことがあるだろう。

　また個別と選択ということでは，養育の場面で遊ぶ権利，趣味・レクリエーションなどを幅広く保障し，強制せずに本人の希望を第一に尊重する。

社会的養護の基本原則：養育 4
安全と安心

　施設内の清掃や修繕は，基本的に子どもにとって安全で衛生的な環境を準備する等，物理的な側面と心地よさや職員から守られているという実感をもつことができるといった心理的側面の理由から重要である。特に施設内では子どもが暴れて建物や器物を破損することがある。それをそのままにしておくことは子どもにとって危険であるばかりでなく，不安や恐怖心を与えることにもなるので速やかに対応しなければならない。

　虐待を受けてきた子どもは，親の気分によっていきなり食事が抜かれたり，身体的な危害を加えられたりする環境にあったかもしれない。また子どもは常に「逃げられる態勢」にいなければならず，情緒的にも身体的にも過敏な状態に置かれていたことが多い。清潔な環境で生活できなかった場合もある。

　施設では，子どもが不要な緊張を感じなくても良いようにしていくことが基本である。「決まった時間」には必ず食べられる，ゆっくり寝られるという安心感をもてるようにすることが重要になってくる。そのためには一定の時間枠が固定しており，予測可能であることが求められる。その点で，明確な日課があることは子どもにとって大きな意味がある。

　発達性トラウマを被ってきた子どもたちのケアにおいて，「ルーティン（習慣）と儀式」はきわめて重要である。「ルーティンは日々の生活に一貫性と予測可能な感覚を与えてくれ」，「予測できる機会を増やすことで安心感が生まれ，子どもたちはリラックスして自分のエネルギーをサバイバルから健全な発達のために使うことができる」*とされている。「儀式」とは，しきたり，お祝い，行動や経験のパターンが繰り返し行われることを指す**。子どもたちが経験してきた見通しのなさや混乱，コントロール感の喪失などを転換し回復へ導くために，生活の中で「安全と安心」を感じ取れるような配慮が求められる。

Ⅱ　生活の規模
施設規模が養育方法に与える影響

社会的養護の基本原則：養育 5
生活規模を小さく

　施設を見学に行くと，同じ児童養護施設であっても，建物の形がいろいろあることに気づくだろう。どのような建物の形態をとっているかによって，実際の生活の展開にはとても大きな違いが出てくる。

---

*　M. E. ブラウシュタイン，K. M. キニバーグ／伊東ゆたか監訳『実践 子どもと思春期のトラウマ治療—レジリエンスを育てるアタッチメント・調整・能力（ARC）の枠組み』岩崎学術出版社，2018，p.39
**　同上，p.99

　大舎制とは「1養育単位当たり定員数が20人以上」，**中舎制**とは「同13〜19人」である。また**小舎制**とは「同12人以下」とされている＊。

> 　実習生のA子さんがほっとしたのは，いつも複数の職員がいてくれることだった。若い職員もベテラン職員と一緒に勤務していることが多いので，何かあってもフォローしてもらえているようだった。個室がないので，子どもたちがどこで何をしているか職員がよく把握できる。食事のときはチャイムが鳴って放送がかかるのでこれもわかりやすい。食堂では調理場から出される食事を，お盆の上に子どもたちが順番に受け取っていく。A子さんはとても行儀が良いなと感心し，まるで寮みたいで楽しそうだなと思った。

　これはかなり前の典型的な大舎制の施設の様子である。先にあげた社会的養護の原理に照らして，下線のついているところに問題はないだろうか。

　大舎制では，全員が一緒に利用する食堂や浴室などがあり，子どもたちの居室には隣接していないことが多い。大勢で，ぞろぞろと渡り廊下を歩いて，入浴しに行くというような光景がある。A子さんが感じたように，寄宿舎などの感覚に近い生活空間の構造である。

　大舎制施設では，食事を作る調理員が子どもたちの生活担当ではなかったり，施設によっては洗濯も特定の職員が分担していたりするところがある。このような施設は「集団で生活すること」が大前提である。生活を通じて個々の子どもの心や育ちに総合的な視点をもつことが難しいシステムになっており，分業されすぎているので家庭的な雰囲気とは程遠い。

　またさまざまな課題を抱えた子どもの集団が大きくなればなるほど，ルールを多くし，その違反についても決まった罰を与えていかなければ統制がとれなくなる。A子さんは，集団にしては整然と動いている子どもたちを見て，「よくしつけられていてえらいな」と感じた。しかし後で子どもに聞くと，食事のときに遅れたり，行儀が悪かったりするとみんなのお皿を洗わなくてはいけないという決

＊　こども家庭庁「社会的養育の推進に向けて」（令和5年10月）

まった罰があったので，表面上子どもたちはきちんと動いていたことがわかった。集団だと問題を起こすということが許されないため，自分を抑えて暮らしている子どもが多くなる。その反対に，問題を起こすことで，職員の目をひき，かかわってもらおうとする子どももいる。これらのことからわかるように，大舎制施設では子どもが安心して素直な自分を出すことができない環境になっていた。

　2011年7月に出された「社会的養護の課題と将来像」*では，2008年3月時点での施設形態として，児童養護施設では大舎制が約7割を占めていることが報告された。しかし現在は日常生活を通じて子どもの自立支援を図り，心身ともに回復させていくためには，小規模な生活空間が必要であるという方向性が明確に打ち出されている。2016年には大舎11.4%，中舎9.5%，小舎18.9%，小規模グループケア（敷地内で行うもの）39.1%，小規模グループケア（分園型）5.9%，地域小規模児童養護施設12.2%となっている**。先に述べたように，被虐待児にはそれまでの生活の中で，「安心して一人でいられる場所」としての「自己領域」を確保できなかったことが多い。そのために児童養護施設では大舎制の中であっても，生活集団を小さくし個別的なケアがなされる体制として**小規模グループケア**が整備され，地域では，**地域小規模児童養護施設（グループホーム）**の増設が進められつつある。

　小規模グループケアとは，被虐待児などの，「小規模なグループによるケアが必要な子ども」に対して行われるものである。たとえば，大舎制の施設の中であっても，居住空間を物理的に区切るなどして6人程度の少人数の生活単位を設定していくような場合がこれに該当する***。

　一方，地域小規模児童養護施設（グループホーム）は，定員6名という規模の生活を，完全に地域に移したものである。施設本体から独立することで，地域の行事に参加したり，また自分たちで買い物に行って食事を作ったりするなど，生活技術をより一般家庭に近い形で，日常的に習得できるというメリットがある。

＊　児童養護施設等の社会的養護の課題に関する検討委員会・社会保障審議会児童部会社会的養護専門委員会とりまとめ
＊＊　厚生労働省「児童養護施設等の小規模化における現状・取組の調査・検討報告書（厚生労働省平成28年度先駆的ケア策定・検証調査事業）」，2017，p.13
＊＊＊　こども家庭庁「社会的養育の推進に向けて」（令和5年10月）

　ただしどちらの形態であっても，グループという密接な人間関係においては，**大舎制**の中では表現されなかった子どもの情緒的課題がより鮮明になってくることが多く，職員に高度な専門性が求められるようになる。大舎制のような集団の場では表現できなかった，あるいは表現することが許されなかった，子どもの問題がはっきり見えてくるともいえる。子どもは安心を感じれば感じるほど，本当の気持ちを表現するようになる。そこでは職員はなぜ子どもがそのような問題を起こすのか，背景を見極め，本当の理由を分析して支援することが必要となる。集団の中で，規則や罰などで子どもの行動を管理するのではなく，より丁寧な実践が職員に求められてくる。

　また小規模な空間であれば子ども集団がもつニードに応えるだけではなく，個別に「あなたは何がしたい？」とたずね，自己決定を経験する機会を増やすことも可能になってくる。小舎制では，そのようなプロセスを通して，子どもの帰属意識・安定感が育ち，職員との継続的な関係がつくりやすいのは言うまでもない。また個室などを備えることによってプライバシーも保ちやすくなるであろう。

　もちろん**小舎制**にも課題はある。職員が一人で働く時間が多くなったり，生活空間が密室化しやすかったりすることである。そのために問題があっても是正されにくかったり，小舎間の格差が発生したりすることにもなる。第14講IVで述べる施設内虐待などが発生する恐れもあるため，他人の目がない分，職員の専門性が厳しく問われることになる。また一人の職員への負担が重くなるため，かえって職員の定着率が悪くなってしまうということも起きる場合がある。本体施設との連携や全体の役割分担を考え，チームワークをどう組み立てていくか等も課題となっていることを知っておく必要がある。

社会的養護の基本原則：養育 6 ･････････････
子どもの人間関係にも配慮して

　施設の規模とは別に，生活単位であるグループを，どのような子どもの構成で分けていくかによっても子どもの生活は大きく変わってくる。小舎制であれば生活するグループは当然小さくなるのだが，大舎制であっても全員が大部屋に一緒に寝起きしているのではなく，ある程度の集団に中で分かれている。異年齢の子どもたちを混合させる**「縦割り式」**，あるいは幼児，小学生，中学生など，年齢によってグループ構成員を限定する**「横割り式」**，さらにそれに加えて男女混合にするか否かということからも変わってくる。

　縦割り式は，きょうだいをそのまま受け入れることができたり，一般家庭と同じように異年齢の子ども同士がふれあったりすることによって，子ども自身が成長するというメリットがある。他方，子どもの様子を十分に把握していないと，子ども間のいじめなどが発生する場合がある。また，高年齢児がどうしても大人に代わるような役割をすることになり，「お兄さん代わりになってくれる良い子」「しっかりしている子」としての枠を出られなくなる。結果として，その子ども自身へのケアが後手になってしまう場合もあり得る。

　横割り式は同年齢の子どもたちの集団なので，ケアが特定化されやすく，職員の仕事の効率ということからするといいように見える。しかし，低年齢児は職員への愛着を強く求めるなど，同質のニーズが同時に存在することが多いので，それに対応しきれない状態が発生しやすい。

　男女を分けるかということについては，特に性的な事故にも絡んで，施設内では慎重に考えていかざるを得ない問題である。一定年齢までは一緒にし，高年齢児になると分けるという方法をとっている施設もある。しかし性的な問題については同性間でも生じうるので，男女を別にすれば完全に解決するというわけではないことも付け加えておきたい。

社会的養護の基本原則：養育 7
良い子であることを求めすぎない

ひとつの事例を紹介しよう。

　　ある施設で，中学生女子のＣさんの自立支援計画を作成することになった。Ｃさんはどちらかというと目立たない存在で，あまり意見を自分から言うことはない。いつも職員の手伝いや，小さい子どもたちの面倒を自分からやっている。

　　担当職員Ｄさんは，Ｃさんと話し合いもして，「主体性をもって意見を言えるようにする」「リーダーとしての役割をもっと発揮できるようにする」という目標を立てて職員会議に提出した。

　　ところが会議で他の職員と一緒に協議する中で，「Ｃさんはいつも静かな感じだけど，職員と話はできているのかな」「幼児のときからいるんだけれど，いつも目立たないよね。問題を起こす子どもたちの陰になってしまって，Ｃさんへの対応って，後手になっていなかったかな」「Ｃさん自身が努力すればこういう目標が達成できると考えてしまうよりも，もっと自分について表現したり感情をあらわしたりできるようになることを，職員がどれくらい援助していたかを考えていく必要はないだろうか」という意見が出された。

　　また「"リーダーシップをもっと発揮できるようにする"とは，具体的にはどういうことなのだろう。１か月に１回，記録を見直して目標の達成状況を職員同士で見ているけれど，どんなところを評価していくかが，難しいのではないか」「Ｃさんが，いつも小さい子どもたちの面倒を見てくれるということは，悪いことではないけれど，『良い子』でいないと，人から受け入れてもらえないと思っているところはないだろうか」「子どもが『問題』を起こすというのは，すべてが悪いわけじゃない。何かの気持ちの表現でもあり，子どもも変わるチャンスでもあるし，職員も働きかける良いきっかけにもなるよね。Ｃさんはなぜ『良い子』なんだろうか，なぜ問題を起こさない子どもなんだろうかということも考えていっていいんじゃないかな」という話になった。

　「自立支援計画」は施設のすべての職員が共同して，児童相談所や学校などの関係機関との連携を図りながら，一人ひとりの子どもの状況を十分に把握して作成するものである。子どもや保護者に必要に応じて開示するので，わかりやすい表現で記述する。

　自立支援目標を考えるとき，子どもや保護者の意向も十分に聴き取らなければならないのだが，時とするとその子どもの達成できていないところをがんばらせたり，「問題」を直させたりするという方向で考えやすい。そうならないためには，大人の期待に従う「良い子」であることだけを望んだ目標にならないようにし，子どもの長所と短所の両面の表出が許され，ある程度の時間をかけて，子ども固有の権利視座から成長発達を見通せるような計画をつくることが必要である。

　子どもの言動の中で，職員にとって「都合が良い」と思われることについては，職員がそのままにしてしまったり，もっとそれを強化するように考えてしまったりしやすい。Ｃさんについても，もっと「良い子」であるようにさせるのか，あるいはＣさんのもっと本質的な発達課題（大人とありのままの関係をつくっていくことや，感情を押さえつけずに表現できるようにすることなど）に着目して援助していく中で，目標は正反対のものにもなる可能性がある。子どもが率直に語れるような関係を職員と築けているか，職員が子どもの状態をいかに的確に見ることができているか，職員集団全体で，さまざまな意見をすり合わせて考えていく必要がある。

　自立支援目標は，日々の生活の中で，職員が柔軟に適切に子どもの成長プロセスを支援していくためのものである。したがって，表面的な結果のみを固定的に考えて，できた，できないということのみを評価することは避けなくてはならない。

　以上のように生活型児童福祉施設における支援は，さまざまな社会的養護の原理に基づいて行われなければならない。日常の支援であるだけに，何気なく慌ただしく行われてしまいがちである。「今までずっとこうやってきたから」と職員が疑問をもたない場合もあるかもしれない。しかし子どもたちにとってどのような意味があるのか，専門職として支援の中身を振り返り，丁寧に実践していく必要がある。

【引用文献】

M. E. ブラウシュタイン，K. M. キニバーグ／伊東ゆたか監訳『実践 子どもと思春期のトラウマ治療——レジリエンスを育てるアタッチメント・調整・能力（ARC）の枠組み』岩崎学術出版社，2018

【参考文献】

浅井春夫監修『パンでわかる包括的性教育』小学館，2023

母子愛育会日本子ども家庭総合研究所編『子ども虐待対応の手引き——平成25年 8 月厚生労働省の改正通知』有斐閣，2014★

二ツ山亮「講座 私たちの施設養育を見つめ直す」①-④，『児童養護』48（1）-48（4），2017-2018

奥山眞紀子・西澤哲・森田展彰編『虐待を受けた子どものケア・治療』診断と治療社，2012

「特集 児童養護施設の小規模化でみえてきたこと」『子どもと福祉』9，2016

第5講

社会的養護の基本原則Ⅱ　保護
―自己実現に向けた支援―

　　本講の目的は，発達途上にある子どもへの適切な「保護」について学び，長期的な視野に立って子どもを支援する原則を理解することである。

　　そのために〈社会的養護の基本原則：保護〉の8原則について解説している。

① 「子どもを家庭から離して保護したほうが良い場合もある」

② 「家族再統合を目標にする」

③ 「子どもの固有の権利を守る」

④ 「子どもの最善の利益を守る」

⑤ 「マイナスからの回復を支援する」

⑥ 「子ども同士の関係に敏感に対応する」

⑦ 「教育機会を保障し，自分で自分を護れるように支援する」

⑧ 「退所前の準備を十分にする」

Ⅰ 家庭からの保護
親子関係の調整

社会的養護の基本原則：保護 1
子どもを家庭から離して保護したほうが良い場合もある

　子どもにとって，自らの家庭で養育されることが望ましいものの，保護者からの虐待がある場合は，そこから離して保護することが必要な場合もある。

　そのようにして，家族から離されて保護された子どもには，最善の環境を保障することが求められている。虐待を受けてきた子どもたちにとっては，誰にも脅されないこと，自分の物を確保しておけることなどが大切な意味をもってくる。具体的な生活環境の中は，その子どもの境界線を守る，区切る，安全な空間を提供する，ということへの配慮が重要になってくる。

　国際家族年（1994年）の標語であった「家族から始まる小さなデモクラシー」とは，家族構成員一人ひとりの人権が尊重され，自己実現が促進されなければならないことを意味している。子どもへの虐待や**配偶者間暴力（ドメスティックバイオレンス）**などが生じる家族では，閉じられた関係の中での権利侵害が生じているため，その事態に当事者が気づくことは非常に難しい。当事者だけの関係の中に閉じ込められた状態になってしまうため，施設に保護することが必要になってくるのである。

　保護された子どもを守るために親に対し，面会や通信の制限をすることができる。親権をたてに，親が子どもの権利を侵害している場合は家庭裁判所が親権の停止や喪失の宣言をするときもある。

　児童虐待防止法において虐待の定義が定められたが，注意しなくてはならないのは，その定義が国や地方自治体が家族に介入して子どもを守るための基準となっている点である。「虐待」とは何かということを「法律」で明確化することで，子どもたちを守りやすくなったが，法律に定められた虐待とは，はっきり見

えている虐待の中の一部分であることに気をつけなくてはならない。入所理由は保護者の病気などであり，必ずしも明確な「虐待」という判断がない場合でも，入所に至るまでの子どもたちの経験の中に虐待に該当する例が，あとから発見されてくる場合がかなりある。だからこそ「見えている虐待」「わかりやすい虐待」だけに気を取られずに，それまでの生活環境の中で子どもの権利がどのように侵害されていたか，注意深くアセスメントし，施設の中での対応を考えていく必要がある。身体的虐待をきっかけに保護されても，実は心理的虐待もあったり，性的虐待も後から発見されたりする場合も非常に多い。虐待が行われている家庭では，不適切なかかわりが重複しているのが実情である。

　虐待からの保護という場面では，「子どもの最善の利益」ということと，子どもの意見表明権がぶつかり合ってしまうように見える事例も多い。ほとんどの場合，子どもは親元から離れることを嫌がる。子どもは情緒的物理的に親と密接な関係をもっており，子どもにとっては親から離されることは生きていけないことを意味する場合もある。第三者から見ると子どもの利益が侵害されている状態であっても，子どもにとって，家から離されることは大変な恐怖でもあり苦痛なのである。

　さらに，子どもは虐待という慢性的な心身の安全を脅かされた状態での生活が続いたため，そういう状態以外を考えることができない心理状態になっていることもある。逆に言えば，嫌だと感じて家から離れ逃げることができるならば，子ども自身の力が残されており，その後の経過は比較的良いともみなすことができるのである。

　また，被虐待児の親への愛着はゆがんだ形のものが多く，暴力や暴言を受けていても，それが愛だという世界観や人間観をもっていることもある。親自身の考え方としても，「子どもが大切だから，きっちりしつけているだけだ」というような子育て観をもっていることもあり，親自身が言うところの「愛情」と虐待をすることは矛盾しない場合もある。いわゆる「愛のむち」といわれる行為は，「本当に子どものためを思っているから，叩くくらい真剣になるのだ」，「暴力に見えるけれども，そうではない，その裏に深い愛情があるから叩くのだ」というように正当化される。「こんなことをされるのはおかしいことだ」と感じる心，「私は

こんな目にあってはいけないのだ」と感じる心を，そもそも奪ってしまう。虐待された子どもから，「あのとき親が本気で殴ってくれたから，自分は目が覚めた」「それくらい大切にされていると感じて嬉しかった」等という話すら出てくることがある。そのため，子ども自身が家族のもとに残りたいと希望しても，子どもの命と健康を守るために，少なくとも一時的には家族のもとから離し，施設で保護することになる。

　特に**性的虐待**の場合は，すぐに家庭から離して保護する必要がある。性的虐待は往々にして，子どもに「あなたは特別なのだ」「あなたがかわいいからこうするのだ」と言いながら行われることが多く，子どもが混乱し被害が長期に及びやすい。

　子どもが本当に安全を確認し，本音が言えるようになるためには，一定期間家庭から離れた場所での時間が必要である。

社会的養護の基本原則：保護 2
家族再統合を目標にする

　子どもにとっての利益を考えてのことであっても，親から離されるのは，子ども自身に「自分が悪かったのではないか」「親に見捨てられてしまったのではないか」という感情をもたせてしまうことも多い。入所保護にあたっては，できる限り理由やその時点での目標や期間を説明することが必要である。

　保護された後の親との交流については，入所前に児童相談所が面会や一時帰宅等のもち方を含む援助計画を立て，保護者に説明することになっており，施設ではその方針を受けつぐことになる。家族との交流について，その前後の様子を十分観察し，子ども自身の意思を尊重し，子どもの安全に配慮して交流を進め，親子関係の再構築を図り，**家族再統合**を目指していく。なお，**親子関係再構築支援**については，2016年児童福祉法において，施設，里親，市町村，児童相談所などの関係機関等が連携して行うべき旨が明確化された。措置解除時には，児童相談所が委託した民間機関が，親に対し子どもへの接し方等の助言やカウンセリングを実施する。また措置解除後の一定期間，児童相談所は地域の関係機関と連携し

て定期的な子どもの安全確認，親への相談・支援等を行うことになっている。

　2022年児童福祉法改正においては，さらに**親子再統合支援事業**が創設され，再統合を図ることが必要と認められる親子に対して虐待防止に資する情報提供や相談，助言など必要な支援を行うこととなった。ただし親子再統合といっても，必ずしも家庭復帰を唯一の目標とすべきではなく，親子の様子を丁寧にアセスメントし，居住する市町村との連携のもとに実施すべきとされている*。

　親子関係を徐々に整理することができた子どもの事例を紹介しよう。

　　小学校5年生のB子さんは親からの重度の身体的虐待とネグレクトを主訴として入所してきた。B子さんは淡々としていて，感情をあまり表に出さない。

　　長期の休暇中は家に帰りたがった。職員は心配したが本人があまりに強く希望するためやむを得ず，期間を短めに設定して帰宅させることとした。児童福祉司**にも状況を報告して訪問を依頼した。帰宅中もあまり世話はされていないらしく，福祉司が訪ねたときにはB子さんはおかずなしで白いごはんしか食べていなかったが，「いつもはちゃんと食べてるよ」と明らかに親をかばうような発言があった。

　　その後は施設での生活が徐々に安定し，帰宅を希望することも少なくなっていった。中学生になったあるとき，職員と二人だけの場で，B子さんは唐突に「実は帰宅中に親から暴力を受けていた」「家へ帰るとお小遣いはもらえるから行っていた」という話をした。感情をあらわにして暴力の内容についても話し始め，「あんなやつ刑務所に入れてほしい」と訴えた。職員は突然の話に驚きつつも，B子さんが「暴力は嫌だ」と思えるようになったことや怒りを表現できるようになったことを評価し，「あなたが自分自身を大切に感じられるようになってきたことなんだよ」と受容した。B子さんはこの日をきっかけに，親子関係を見直すために児童相談所の担当者にも相談するようになった。現在は親子関係は少しずつ改善している。B子さんは高校進学の後も家へ戻らずに就労していく道を選択し，次第に自分の進路について具体的に考えることができるようになっている。

＊　厚生労働省「令和3年度社会保障審議会児童部会社会的養育専門委員会報告書」，p.16
＊＊　児童福祉司は，児童福祉法に規定されている。子どもの保護や家庭の相談に応じたり，必要な指導を行ったりする児童相談所の職員である。

社会的養護の基本原則：保護 3
子どもの固有の権利を守る

　児童福祉施設では，子どもの権利を守るために「条約」に沿った**子どもの権利ノート**が配布されている（14構Ⅲ参照）。ここでは，ノートが役立った事例を紹介したい。

> 　高校2年生のNくんは両親の行方不明を理由に，5歳から施設で生活している。字が読めるようになった頃に，担当の児童福祉司から「子どもの権利ノート」を渡された。そのノートの中に「あなたには，自分自身や家族について知る権利があります」と書いてあったので，Nくんは「自分の両親が今どうしているのか知りたい」と職員に相談してみた。職員は快く応じ，児童相談所を通じてNくんと一緒に戸籍を調べた結果，Nくんの父親は亡くなっていたが，母親は再婚して九州にいることがわかった。拒否されるかもしれないことを覚悟して母親に連絡したところ，Nくんの声を聞いて母親は喜んでくれた。Nくんは高校卒業の前に一度母を訪ねたいと思っている。

社会的養護の基本原則：保護 4
子どもの最善の利益を守る

　施設が入所児童の最善の利益を守るのは当然であるが，これからの施設運営には，地域全体の子どもの最善の利益を守る機能を強化することが求められている。
　児童福祉施設は専門機関であるから，その経験と技術を豊富にもっている。一方，地域では核家族化，共働き家庭の増加，近所付き合いの希薄化などによって子育てに苦慮している親が多くなっている。また，障害者は施設ではなく地域で暮らすようになって，多様な課題が発生している。児童福祉施設はそのような地域や家庭の不安に応え，社会の必要性に応えていく責任があるといえる。
　例をあげれば，「子どもの相談110番」や「子育て相談センター」などの相談窓

口を設定し広く一般の親の相談を受けている児童福祉施設がある。また，地域の保育所を巡回し，統合保育における障害児への対応について保育士にアドバイスしたり，周囲から理解されず孤立しがちな障害児の親を支援するために，地域の（健常児の）親対象の出張講座を開いたりしている障害児施設もある。

　「新しい社会的養育ビジョン」にあげられたように，今後は，地域の子どもや家族への支援のために施設が専門機能をいっそう発揮していくことが期待されている。

社会的養護の基本原則：保護 5
マイナスからの回復を支援する

　施設で暮らしている子どもたちは，虐待や生活困難というマイナスの体験をして入所してくる。このような子どもたちの施設での生活は，マイナスからスタートしているといえる。マイナスからの回復を支援するために，児童福祉施設は家庭の代替機能を発揮することが求められる。

　その施設に実習生としてかかわるあなたにもできるマイナスからの回復への支援がある。**実習生**を受け入れることにより日常生活の中に外部の風が入ることは，良い影響をもたらす。実習生は普段一般家庭で生活しているので，実習期間中に施設における生活文化のあり方や暮らしぶり，子どもと職員の関係に違和感を覚えることがある。その声を施設の改善に生かしていく姿勢が，施設の家庭機能を高め，子どものマイナスからの回復を促進することにつながっていくのである。実習生やボランティア等の外部の目を施設の中に積極的に入れていくことは，適切な施設運営に不可欠であり，支援の質を高めることができる。

社会的養護の基本原則：保護 6
子ども同士の関係に敏感に対応する

　施設内の安全を図るには，子ども同士の暴力等についても考えていかなければならない。

　現在は重い虐待を受けた子どもが各施設に多くいるため，子ども同士での身体的暴力，いじめや性的加害の問題が施設内で頻発している。被害児にとっては逃げられない生活空間で起きるため，職員は特に注意して対応していかなければならない。

　現状では，児童養護施設の場合は，子どもの集団が異年齢で明確な意思なく集められていること，またメンバーのかなり頻繁な交代等があることから，先に第4講で述べたように，個々の領域をきちんと守り，安心できる生活空間を与えることを第一に優先すべきと考えられる。

　子どもの集団が安定してくれば，集団を利用した社会性の定着などを図ることも可能であるし，思春期の子どもにとっては，一定の帰属集団があることも必要である。ただし被虐待児の場合は，弱い子どもを支配する関係になりやすいので，子ども同士でも力関係をつくらせないことに，十分な注意が必要である。子ども同士に支配・被支配の関係をつくらせないためには，職員と子どもとの間に，平等なお互いを尊重するためのルールがあることが大前提であることは言うまでもない。

　施設内で子ども同士の間に支配的な関係ができていたり，身体的暴力，いじめや性的問題が発生したりしても，子どもから職員に対して，事実を最初からはっきりと訴えることができない場合も多い。であるから，職員は子ども同士の関係を把握して，不審に思われることを見逃さないようにし，職員間でも情報を十分交換しておく必要がある。

　加害児に対して，単に罰するのではなく，なぜそのようなことをしてしまったのか真意を聞いていくことも大切だが，被害児の安全がまず最優先にされるべきである。問題が深刻化したときには，加害児の措置変更などの決断が必要になってくる場合もあり，児童相談所と最初から密に連携していくことが求められる。施設の中では以前より子ども間の暴力問題の存在が指摘されてきた*。厚生労働省による実態調査**も公表されている。

＊　黒田邦夫「〈児童養護施設における児童の暴力問題に関する調査結果〉について」『児童福祉研究』24，2009，pp.30-42
　　田嶋誠一『児童福祉施設における暴力問題の理解と対応― 続・現実に介入しつつ心に関わる』金剛出版，2011

　施設に措置される子どもたちの多くは，今まで，大人との適切な関係を体験していない。その子どもたちの回復には，人と新しい関係を作り直す体験が重要である。安全な環境の中で，子ども自身の主体性が大切にされ，管理・支配されずに，人格的には大人と対等な関係として尊重されることが大切なのである。表面的に「**体罰**」や「**暴言**」を禁止しても，職員が子どもに対して支配的な関係であれば体罰や暴言という形でなくても子どもの権利侵害が生じるからである。

　子どもにかかわるときには，子どもの発達段階や今までの育ち等を考慮し，子ども自身が理解し納得できる方法が取られなくてはならない。特に被虐待児の場合は，その独特の言動の特性を踏まえた専門的な対応が求められる。施設での支援においては，今まで述べてきた社会的養護の原理が遵守されなくてはならないのである。

II 外界からの保護
学校・地域との関係調整

社会的養護の基本原則：保護 7
教育機会を保障し，自分で自分を護れるように支援する

　児童福祉施設では社会的自立のため，教育機会を十分に保障することが求められる。現在，発達障害や知的障害のある子どもたちの入所が増加している。また保護者からの適切な養育がなされず不安定な生活だったため，学校への不適応が生じている子どもも多い。特別支援教育の場など，子どもたちの個別のニードに合った社会資源を探すことや，施設と学校との連携の強化，学習ボランティアの開拓などが重要である。

＊＊　厚生労働省「児童養護施設等において子ども間で発生する性的な問題等に関する調査研究報告書」，2021

　措置費における教育費や自立支援関係費は2009年度より徐々に改善されており，学習塾や学習ボランティアの利用に関しても学習指導費加算や特別育成費から支出可能である。2015年度からは児童養護施設等の入所中の子ども等を対象に，就職に必要な各種資格を取得するための経費について貸付が行われている*。

　さまざまな理由によって継続的な養育を必要とする場合，2017年からは「社会的養護自立支援事業」として，18歳（措置延長の場合は20歳）到達により措置解除された者のうち原則22歳の年度末まで支援を受けることができるようになっていた**。2022年の児童福祉法改正においては，さらに満20歳以上の措置解除者等で，高等学校の生徒，大学生その他やむを得ない事情により児童自立生活援助の実施が必要であると都道府県知事が認めたものは，22歳以降も継続して支援を受けられることとなった。

社会的養護の基本原則：保護 8
退所前の準備を十分にする

　児童養護施設において近年は「**リービングケア**」（leaving care）という考え方が出てきた。これは児童相談所と連携しながら施設内で進めていく自立支援計画に沿った「インケア」と，施設を出た後の「アフターケア」の中間に位置するものである。従来は施設内の子どものケアで手一杯で，退所した子どもたちへのケアが不十分になりがちであったり，インケアとアフターケアが分断された形で行われたりすることも多かった。しかしこのリービングケアという考え方は，「インケア」と「アフターケア」をスムーズにつなぎながら，子どもの自立に向けての援助をより段階的に丁寧に考えていこうとするものである。リービングケアは「子どもが失敗しないように，事前に社会生活を営むうえでの知識や技能を身につけていく支援」***と定義されている。

　実際には退所前に，一人での自活訓練を行い，炊事，洗濯，掃除などの家事や

*　厚生労働省「社会的養護における自立支援に関する資料」（平成29年2月24日），pp.22-23，26
**　厚生労働省「社会的養護自立支援事業等の実施について」（平成29年3月31日）
***　厚生労働省「児童養護施設運営ハンドブック」，2014，p.76

健康管理，通帳の作成や住民票の取り方，引越しの仕方や家の探し方，求職の方法，履歴書の書き方など，社会で必要とされる技術・知識を具体的に教えること等を内容としている。また施設にいた期間が長ければ長いほど，その閉鎖的な人間関係に慣れてしまっていることも多いので，外へ出て職業実習やアルバイトを経験することなども重要なリービングケアの一環となる。

　敷地の広い施設では日中ドアに施錠していなかったり，夏にも窓を開け放しで寝ていたりするということがあるし，銀行のキャッシュカードやクレジットカードなどの使い方や管理方法も知らないという子どもも多い。社会に出るときは，いろいろな犯罪等からも身を守る方法なども教えていく必要がある。

　このように「保護」にはさまざまな側面があり，パターナリズムに基づく一方的な保護を行うのではない。子どもの「最善の利益」を考えながら，子どもや家族が自分の「力」を発揮して「自立」できるような見通しを立てながら，必要な支援をしていくことが求められるのである。「新しい社会的養育ビジョン」において，社会的養護の場にいる子どもたちは「原家族の支援機能が脆弱であり，ほとんど期待しえない場合があること」「アイデンティティ形成，対人関係の形成に困難を抱える場合があること」などに留意すべきとされている*。2022年児童福祉法改正では，「措置解除者等の自立支援」策として，措置解除者等の実情を把握し，その自立のために必要な援助を都道府県が行わなければならない業務とすることが定められた。実態に即した有効な支援策の具体化が切実に望まれる。

【参考文献】

森田ゆり編著『虐待・親にもケアを─生きる力をとりもどす MY TREE プログラム』築地書館，2018★

武藤素明編著『施設・里親から巣立った子どもたちの自立─社会的養護の今』福村出版，2012

永野咲『社会的養護のもとで育つ若者の「ライフチャンス」─選択肢とつながりの保障，「生の不安定さ」からの解放を求めて』明石書店，2017

「施設で育った子どもたちの語り」編集委員会編『施設で育った子どもたちの語り』明石書店，2012

＊　厚生労働省「新しい社会的養育ビジョン」，2017，p.42

田嶋誠一『児童福祉施設における暴力問題の理解と対応─ 続・現実に介入しつつ心に関わる』
　　金剛出版，2011
高橋亜美・早川悟司・大森信也『子どもの未来をあきらめない 施設で育った子どもの自立支
　　援』明石書店，2015★
松本伊智朗編集代表／杉田真衣・谷口由希子編著『シリーズ子どもの貧困 4 大人になる・社会
　　をつくる─若者の貧困と学校・労働・家族』明石書店，2020

第**6**講

社会的養護の基本原則Ⅲ
子どもであることへの回復
─治療的支援─

　本講の目的は，虐待を受けた子どもたちの言動の特徴を学び，子どもたちの表面上の言動に左右されない援助の方法や，職員間の連携のあり方を理解することである。そのために〈社会的養護の基本原則：子どもであることへの回復〉の6原則について解説している。

　①「専門職の連携で子どもの真実を読み取る」
　②「知識から子どもの言動を読み解いていく」
　③「善悪の判断を超えて受けとめる」
　④「愛される価値がある大切な人間として子どもを信頼する」
　⑤「受容と規制のバランスをとる」
　⑥「連携して子どもの心を癒していく」

　また重要な概念（知識）として「PTSD」「愛着障害」「依存」「レジリアンス（回復力）」についても述べている。子どもたちの「問題行動」の裏にある本当の気持ちを少しでも理解でき，子どもたちの本来もっている可能性や力を見出すことのできる施設保育士となれるように，事例についてもよく考えながら学んでほしい。

Ⅰ 虐待された子どもの理解と対応
心の傷を癒し，育むための援助

　子どもは養育者から愛され，養育者をよりどころとして，自分を存在してよい
ものとして，世界を安全な場所として認識していく。そして外界を探索し感情調
整の方法や社会的規範を獲得する。子どもが子どもとしてあること，それが人と
して生きていく土台となる。

社会的養護の基本原則：子どもであることへの回復 1
専門職の連携で子どもの真実を読み取る

　被虐待児の心理行動を理解するための枠組のひとつは「トラウマ理論」に基づ
くものである。トラウマはもともとフロイトによって提唱された概念であり，「心
理的・精神的な障害を引き起こす心の傷」*と定義されている。子どもが成長過程
において長期的に反復して体験するトラウマについては，**発達性トラウマ****とも
いわれる。トラウマは体験者の心の中で適切に処理できず，時間がたっても癒さ
れないもので，**PTSD**「**心的外傷後ストレス障害**」（Post Traumatic Stress Disorder）
といわれる大きな障害をその人に残す。

　また母子関係の心理学の中にある「**愛着障害**」という考え方により，被虐待児
の心理や行動を理解する枠組みがある。愛着とは子どもが特定の大人に，自分の
欲求，意思，感情などを受け入れてもらい，基本的な安心感を得る絆である。一
般には愛着を母親との間に形成し，**基本的信頼感**を獲得することで，外界への探
究も可能なものになる。虐待を，この愛着の障害として読み解いていこうという
研究も行われている。

＊　西澤哲『子どものトラウマ』講談社，1997，p.7
＊＊　花丘ちぐさ『その生きづらさ，発達性トラウマ？─ポリヴェーガル理論で考える解放のヒン
　　ト』春秋社，2020，p.11

　「虐待」を考えるときに注意しなければならないのは，「虐待」という言葉のもつイメージである。虐待とは「子どもへの一方的な『加害』『権利侵害』」という視点からの概念であるため，親子をともに支援していくためには，「子育ての難しさからの養育の失調・失敗」という理解に立って「親子間の相互的なプロセス」に生じている問題であることを意識化すべきである，という重要な指摘がある*。

　虐待にはさまざまな態様があり，「**被虐待児**」一人ひとりを個別に理解し対応しなければならない。近年は，虐待が子どもの脳や免疫系などに及ぼす深刻な影響も明らかにされてきている**。施設の中で子どもが起こすいわゆる「**問題行動**」は，極めて複雑な要因によっている。福祉的・心理学的な対応のみならず，医学的な対応を要する例もあり，他専門家と十分な連携を図る必要がある。

社会的養護の基本原則：子どもであることへの回復 2
知識から子どもの言動を読み解いていく

　施設に実習に行くと初対面なのに，さっと抱っこを求めてくる子どもがいるだろう。すぐに遊びに誘ってくれたり，自分の部屋へ連れて行ってくれたりする子どももいるかもしれない。

　Fくんは実習生Hさんに初日から親しげに近づいて来た。Hさんは，そういう「とっかかりの良い子」の存在にほっとした。

　ところが，ある日仲が良くなったFくんと遊んでいたとき，Fくんが他の子に意地悪をしていたので「ちょっとやめたら」と軽くたしなめた。すると，Fくんは突然泣き叫びながら怒り出し，顔めがけて激しくボールを投げつけてきた。Hさんは危うく避けたが，何でこんなに怒るんだろうと呆然としてしまった。その後職員が間に入って話をしてくれたところ，Fくんはあっさり気分を切り替えて，一切何事もなかったかのように接してきて，その姿にも驚いてしまった。

＊　滝川一廣『子どものための精神医学』医学書院，2017，pp.332-334
＊＊　友田明美・藤澤玲子『虐待が脳を変える—脳科学者からのメッセージ』新曜社，2018

　子どもの言葉づかいの悪さにも驚いた。自分は悪気がなかったのに，子どもの機嫌を損ねると，「死ね」「くそなんだよ」と吐き出すように言われた。職員もしょっちゅう言われているが，職員のほうは軽くたしなめる程度で，いちいちしかりつけてはいない。「慣れてしまっているんだろうか」と思ったが，人の心をえぐるような暴言を吐かれることにはショックを受けてしまった。

　また子どもたちの中には素直そうに見えても，実際は職員の言うことを無視しているように感じられる子どももいた。何度言われても同じ事をし，特に小さな子どもをいじめて暴力をふるうため，職員が平静さを失ってしまい，対応に苦慮している場面にも接したことがあった。子どものほうは全く反省している様子はなく平然としているようだった。

　このように虐待された子どもには虐待傾向を大人に反復させることや，攻撃性が見られることがある。

　他にも，Hさんが不思議に思う態度をとる子どもたちがいた。何が悪かったのか子ども自身が考えてほしいと職員が一生懸命はたらきかけても，ぼんやりした表情になって全く聞いていない子どもがいた。また何事にも自信がないようでひきこもり傾向があったり，自分で自分をわざと傷つけるような自傷癖があったりする子どももいた。

　一方でHさんがよく見ていると，施設の中にはもう一つのタイプの子どもたちがいることに気づいた。その子どもたちは，とても「良い子」で，職員の気持ちをよく読んでいて，褒めてもらえるような行動をとる。実際の年齢を聞いてびっくりしてしまうような，大人びた行動をとる「しっかりした」子どももいた。

　Hさんが観察した子どもたちの言動は，実は**被虐待児**といわれる子どもたちによく見られる特徴的なものである。親子関係の中で自然に獲得していくべき身体的能力や認知能力，また対人関係を形成する能力などが，虐待によって大きく損なわれている。そして基本的には，自分自身が誰なのかがはっきり感じられないという「自我の未発達」や「自己の境界のあいまいさ」，自分を大切な存在として実感できていない「自尊感情の欠如」などの問題が存在している。子どもたちの表面的な言動に対して知識なく対応すると，大人の側が怒りを感じたり，子ど

もを突き放したりと，さらに傷つけるような状態も生じてきてしまう。だからこそ，専門職は虐待が子どもの言動に及ぼす影響についての十分な知識をもって子どもの言動を読み取り，その上で養護にあたることが求められる。

社会的養護の基本原則：子どもであることへの回復 3
善悪の判断を超えて受けとめる

　親から虐待されてきた子どもは，支配されたり暴力を振るわれたりする人間関係しか体験したことがないので，他の人間関係においてもその関係を再現してしまうことが多い。親から「しつけ」と称して虐待されていた子どもは，職員が「軽く注意した」ということだけであっても，虐待された記憶が突然よみがえり，混乱状態になることがある。

　また親から虐待されるということは子どもにとってショックであるが，子どもなりにその理由づけを必要としている。「自分は悪い子だから，親は叩くのだ」という理由をもっている子どもにとっては，自分のことを大切にしてくれる大人の存在を，まずそのままには受け入れられない。「あなたは大切だ」というメッセージを職員が一生懸命伝えようとしても，「だったら，なぜお父さんは私を叩いたの？」と，子どもはかえって混乱してしまう。自分を罰しない大人と一緒にいるとかえって不安になり，その大人もやはり自分を攻撃してくるはずだ，という前提のもとに，大人が怒るかどうか試すように挑発的な行動を子どものほうから先にとってくることもある。

　このように，子どもの「**問題行動**」や「**試し行動**」の根には，虐待によって形づくられてしまった基本的な対人関係のあり方や世界の捉え方のゆがみがあるのであって，それをいかにつくり変えていくかが，施設の中での援助の基本となっていくのである。

　したがって，職員が子どもの言動を深く読み解くためには，最初にそれが「良いこと」なのか「悪いこと」なのか判断しないことが大切である。たとえばあるとき，いつも本当のことを言えない子どもがいた。いろいろ聞いていくうちに，その子どもが「お父さんが私を叩くの」と本当のことを言ったために，自分は施

設に入れられてしまったと後悔を感じていたことがわかった。そういう背後の理由を理解していないと，単に「嘘をつく子ども」としてのレッテルを貼ってしまうことになるだろう。寂しいときにお漏らしをしてしまう子どもや，親からの連絡がないために，盗みを繰り返していた子どももいた。また子どもには，悲しみ・怒りなどを含めた自分の気持ちを職員に伝え共感される経験も必要である。職員は短絡的に「悪いことは駄目と教えなくては」「そんなことを考えてはいけない」などと言う前に，子どもの気持ちを十分読み取って受けとめていかなければならないのである。

社会的養護の基本原則：子どもであることへの回復 4
愛される価値がある大切な人間として子どもを信頼する

　Ｄさんが実習に入った児童養護施設では，子どもたちは6時に起床後，みんなで床の拭き掃除をしていた。ともかく自分たちでよく動く。朝ごはんの用意や片付けも分担がきちんと決まっている。

　職員に聞くと，「親のいない子たちだから，せめてきちんとしたしつけをして，世間に出たとき，恥ずかしくないようにさせたいんですよ」と言われた。

　Ｄさんが担当になったホームは，掃除，洗濯などもすべて本人がやっている。良い訓練になるからだという。驚いたことに乳児院から来たばかりという小さいＡ子ちゃんも布団を敷くとき，シーツを自分で広げていた。「乳児院から来た子は，特にそういう基本的な生活習慣ができていて，手がかからないんですよ。えらいんです」と職員は嬉しそうに言っていた。言葉どおり，職員がよく褒めて励まし，子どもたちががんばる姿があり，Ｄさんは「いい関係なんだな」と感じた。

　この施設では，抱き癖がつくと良くないし，いつも同じ職員がいられると限らないのだから甘やかさないようにするということで，幼児であっても抱っこしたりしない。最初は特定の職員を慕って泣くことが多かった子どもたちも，そのうちに聞き分けよく泣かずになると聞いた。

この事例は，数十年前のある施設での様子である。生活の中で「きちんと」し

ていること,「自分でできること」が, 当時はとても大切にされ, Ｄさんは感心したのだが, 現在の社会的養護の養育の原則から考えると, どのような問題があるだろうか。

　施設では, 子どもの「問題行動」のみを表面的に修正するのではなく, まず安心感・安全感をもてるようにし, 子どもとして「大人に依存する」体験をやり直し, 対人関係を再形成できるようにしていくことが重要である。前述したように基本的信頼感, 自己肯定感等が子どもの心身の健全な成長にきわめて重要であるにもかかわらず, 入所してくる子どもたちは, それらを形成するために不可欠な大人との絆を失っている。虐待的環境において形成されてしまった否定的な自己認識, つまり「私は悪い子で, 愛される価値がない」という考えを,「私が悪かったのではない」「私は大切な存在である」という形へ変えていく作業を,「安全な環境」において行うことで, 子どもたちは子どもであることを回復して子どもらしくなっていく。

　生活のいろいろなところで子どもをがんばらせると,「良い子でいなくては大人から受け入れてもらえない」と思う気持ちを強化してしまう場合がある。子どもにとってがんばって何かをやり遂げたり, みんなのために役割を担ったりすること自体は悪いことではなく, 発達のある時期においては大切なことだが, 子どものケアの中では, 順序を見極めていかなくてはならない。職員のほうから「その子のためにだけなにかをする」場をつくり, 他者からのいたわりをその子どもが体験できるような機会を設定することを優先したほうが良いであろう。

　また近年は子どもの**レジリアンス**（resilience：回復力）という考え方が注目されている. これはもともと「跳ね返る力」「弾性」などの意味であるが, 子どもを対象とする分野では「子どもが困難な環境や危機に耐えて立ち直る力」として用いられるようになってきている。虐待を受けた子どもたちに対しては,「受けてきたマイナスから回復できるようにしていく」,「傷を癒す」とともに, 子ども自身の自尊感情を高め, レジリアンスを信頼し, その能力をさらに育てていくという両面が, 保育士の対応に求められるであろう。

　なお, レジリアンスについては, 第7講（p.95）でも述べている。

社会的養護の基本原則：子どもであることへの回復 5
受容と規制のバランスをとる

　子どもは安心を心から感じるようになると，本音を出せるようになり，時には小さい子どものように退行的な行動をとったりする。そのときに自分の気持ちを表現することが許され，受けとめてもらえるという体験を重ねることで，子どもは，次第に自分を大切に感じられるようになり，自分の意思表示もできるようになってくるのである。

　ただし虐待を受けた子どもの場合，職員への要求がどんどんエスカレートすることがあるため，甘えや依存を満たすようにするとともに，一定の枠組みを提示して制限していくことも重要である。知的な発達レベルや認知能力の関連で自己コントロール力が不十分な場合も，一定の枠を示して規制することは，本人が不要に混乱しないためにも大切である。

　また先に述べたように，子どもの言動を理解しようとするときに，職員はまず善か悪かという判断を差し控えたほうが良いと述べたが，他の子どもへの権利侵害となるときや，子ども本人が危険な状態になるときは，毅然として行動を規制する必要がある。

　子どもへの規制については，その方法を職員がよく吟味していかなければならない。子どもが職員の言うことを聞く，行動がその場で改まるということは，実は必ずしもそのやり方が正しいことを示してはいない。誤ったやり方であっても，あるいは誤ったやり方のほうが，表面的な効果が上がる場合すらあるのでよく混同されてしまう。

　子どもは恐怖を感じれば，その場では行動を修正することが多い。その意味で，たとえば体罰には即効性がある。また子どもは大人より弱い立場にあるので，「〜しなかったら，…してあげない」というような方法によっても従わざるを得なくなるが，そういう方法は子どもの無力感や表面的な従順を増しているだけで，外からの強い力がなくなれば元に戻ってしまう。力で行動を抑止・統制する方法からは，善悪について子どもが自分で考えたり，自らの判断で行ったりする力が

つかないからである。

　虐待を受けた子どもたちの「**問題行動**」は重く，またかなり長期にわたって繰り返されるので，職員は疲れ果ててしまうことが多い。受容と規制とをバランスよく提示しながら，子どもの内面の判断力を育てて安定させていくことは，一人の職員が行うには困難がある。対応にあたっては複数の職員で支援方針を共有し，長期的な見通しをもって，役割分担をしていくことが必要である。

Ⅱ　心理療法（指導）担当職員との連携
施設内のチームワーク

　先に第 5 講で述べたように，児童養護施設等の生活型児童福祉施設で，意図的に行われる治療的なかかわりは，「**修正的接近**（環境療法的な接近）」*といわれる。これにはさまざまな日常のチャンスを捉えたり，子どもが問題を起こしている現場で，直接介入して，対人関係や感情コントロールのゆがみなどを修正しようとするものである。

　その一方で職員と子どもが生活をともにすることによる転移，逆転移現象**の発生が，頻度，強度ともに高くなりがちである等，さまざまな課題も指摘されている。また子どものトラウマ（心的外傷）そのものの手当は，生活の場で取り扱うには深刻で，危険な場合もあるため，「**回復的接近**」として心理室における心理療法担当職員による，より専門的な対応も併せて実施される。

＊　西澤哲『トラウマの臨床心理学』金剛出版，1999，pp.161-162
＊＊　心理治療的な関係の中で，子どもが親などに抱いている無意識の感情や葛藤を，職員に対して表すようになることを「転移」といい，反対に職員が子どもに個人的な感情を反映してしまい，仕事に影響が出るような状態を「逆転移」という。適正な治療的関係の妨げになる極端な好意やその逆に反発などが生じることもあり，コントロールが必要である。

社会的養護の基本原理：子どもであることへの回復 6
連携して子どもの心を癒していく

　児童養護施設における**心理療法担当職員**の業務は，心理療法，生活場面面接，児童養護施設職員等への助言および指導，ケース会議への出席などである*。当然のことながら施設内での心理療法は，心理室での限定的なかかわりだけで効果があるものではなく，心理室以外の生活における保育士からの子どもへの働きかけと連携して行われなければならない。

> 　小学校3年生の男子，Bくん。生活場面での暴力，盗みといった逸脱行動が収まらないことが課題となっていた。3年生という時期であったので，担当保育士が心理療法への参加を勧めるとすぐに了解し，毎週欠かさず心理室へ行くようになった。
>
> 　自分がいくら話をしても全く聞き入れず，同じような問題を繰り返すBくんへの対応に，担当保育士は疲労気味であった。
>
> 　担当保育士は心理療法担当職員から，知的発達も少々ゆっくりであるBくんが，学校でも施設でも無力感を感じていること，面会に来てくれない家族に不満をいだき，一方で自信をなくしていること，その裏返しとして暴力や，心を埋めるために盗みに走っていることを説明された。
>
> 　なぜ自分の言うことを聞いてくれないのだろうと，担当保育士はBくんに怒りさえも感じてしまっていたのだが，心理療法担当職員の説明を聞いて，Bくんへの見方を少々変えることができた。そして担当保育士は，暴力や盗みを叱る，ということではなく，Bくんに対して個別的なかかわりの機会をもとうと心がけるようになった。
>
> 　また，心理室の遊びの中で，Bくんの暴力的傾向が強く出てきたときには，心理

＊ 厚生労働省「家庭支援専門相談員，里親支援専門相談員，心理療法担当職員，個別対応職員，職業指導員及び医療的ケアを担当する職員の配置について」（平成24年4月5日）

療法担当職員から連絡を受けるようにし，生活場面で荒れないように，あらかじ
め担当保育士が気をつけて接することも可能になった。

　このように，**心理療法担当職員**と連携するときには，以下のようなことが求め
られる。
① 心理療法の実施については，自立支援計画の中に明確に位置づけられ，子ど
　もの課題や対応方法について直接担当職員との意見も十分すり合わせられて
　いることが必要である。
② 心理療法は子どもの問題を短期間に解決するものではないこと，特に被虐待
　児は治療の展開にも一般のケースより時間がかかることなどについて，直接
　担当職員も理解していなければならない。
③ 心理療法の進め方について，心理療法担当職員から直接担当職員が説明を受
　けておくことが必要である。
④ 心理療法においては，子どもが毎回スムーズに参加するわけではなく，キャ
　ンセルが生じることもある。たとえば子どもが心理療法担当職員との距離を
　つくる過程でためらいを感じているときなどにキャンセルが発生する。これ
　は治療の展開上意味のある過程であり，単なる無駄ではないことを理解して
　おく。
⑤ 心理療法を行う場と生活の場が近いことは，児童相談所へ通う身体的な負担
　が軽減されるメリットがあるが，同時に子どもが日常の遊びなどに気をとら
　れて，心理室へ行くという動機づけが曖昧になることもあるので気をつける
　必要がある。
⑥ 心理療法の展開において意味がある場合は，逸脱行動も一定の枠の中で許容
　することがある。ただし，その心理療法での枠のゆるさを子どもが生活場面
　で切り替えられず，生活上のルールをやぶってしまうような傾向が出ること
　もあるので注意する。
　このように保育士は，子どもの生活と心理療法との「境界線」上で生じてくる
課題を把握しつつ，心理療法が順調に行われるように配慮していく必要がある。
　心理室で行われたことについて，保育士が記録を見る場合もあるが，決して子

どもに，具体的に「心理室で〜をやっているんだって？」などというような言い方で返してはいけないなど，守らなければならない基本的な原則もある。

　近年，多様なニードをもった子どもたちの入所が増加している児童福祉施設において，保育士と心理療法担当職員とが互いに「独自の専門性」を発揮しつつ，効果的に連携する必要がますます高まっている。

【引用文献】

西澤哲『子どものトラウマ』講談社，1997★

西澤哲『トラウマの臨床心理学』金剛出版，1999

滝川一廣『子どものための精神医学』医学書院，2017★

友田明美・藤澤玲子『虐待が脳を変える―脳科学者からのメッセージ』新曜社，2018

【参考文献】

藤岡孝志『愛着臨床と子ども虐待』ミネルヴァ書房，2008

花丘ちぐさ『その生きづらさ，発達性トラウマ？―ポリヴェーガル理論で考える解放のヒント』
　春秋社，2020

増沢高『虐待を受けた子どもの回復と育ちを支える援助』福村出版，2009

宮地尚子『トラウマ』岩波書店，2013

西澤哲『子ども虐待』講談社，2010★

白川美也子「赤ずきんとオオカミのトラウマ・ケア―自分を愛する力を取り戻す〈心理教育〉
　の本』アスク・ヒューマン・ケア，2016★

杉山春『児童虐待から考える―社会は家族に何を強いてきたか』朝日新聞社出版，2017

杉山登志郎編著『講座 子ども虐待への新たなケア』学研教育出版，2013

滝川一廣・内海新祐編『子ども虐待を考えるために知っておくべきこと』日本評論社，2020

海野千畝子編著『子ども虐待への心理臨床』誠信書房，2015

ベッセル・ヴァン・デア・コーク『身体はトラウマを記録する―脳・心・体のつながりと回復
　のための手法』紀伊國屋書店，2016

第7講

社会的養護の基本原則Ⅳ
生活文化と生活力の習得
―自立支援―

　本講の目的は，生活文化の広がりと深さ，その子どもに及ぼす影響を知り，保育士が施設において生活文化を伝える重要性を理解することである。

　そのために〈社会的養護の基本原則：生活文化と生活力の習得〉として以下の5原則を示し，その内容について説明している。

　①「専門職として生活文化を伝えていく」

　②「日常生活を通じて，生活文化を伝えていく」

　③「生活力の習得を視点に，生活文化を伝えていく」

　④「相談援助を用いて生活文化を伝えていく」

　⑤「SST を用いて生活文化を伝えていく」

　社会的養護の原則について，その内容の一角をなす生活文化と生活力の習得に関する施設保育士の役割を知るとともに，生活文化伝承を専門職の仕事として理解してほしい。質の高い生活文化を伝えることが子どもの生活の質（クオリティ・オブ・ライフ：QOL）*を生涯にわたり高めることにつながる。

＊　人間は個人的生活と社会的生活の間のバランスをとりながら生きており，個人的生活と社会的生活が相互に影響を与えあいながら生活全体を構成している。生活の状態には社会的生活の状態と個人的生活の状態があり，これらすべてが QOL に関係している。

Ⅰ 施設で生活文化を伝える意味
日常生活の援助

　生活文化とは「生活の営みをうまく行わせてくれるための社会が共有している『ノウハウ』『処方せん』である」という説明がされている*。その意味から，生活文化は生活力の基礎をなすものであるということができる。

　日々の生活の中で，大人の言動を通じて育まれる道徳心や生命観も生活文化である。日々の施設の暮らしの中で，知らず知らずのうちに子どもに伝えられていくものは想像以上に多い。

社会的養護の基本原則：生活文化と生活力の習得 1
専門職として生活文化を伝えていく

(1) 施設における生活文化伝承の意味

　家族の中で育てば，生活文化は意識しなくとも伝えられていくのが一般的であろう。生活文化は家庭生活における親子のかかわりを通じて伝承されることが多いといえる。子どもにとって家庭が最適の環境である，という意味のひとつはこのことを指している。そういう視点から見れば，入所している子どもたちは生活文化を伝承されにくい家庭環境にあったといえるのではないだろうか。一方**大舎制**の施設では，子どもが適切に育ちにくいという理由のひとつとして，生活文化伝承の難しさが指摘されている。だからこそ，大舎制の施設においては，特に意識しながら生活文化を伝承する必要がある。また，小舎制の施設においては，他人集団であるがゆえに暮らしのあり方を吟味し，生活の営みを文化として意識して伝承する必要がある。

＊　日本家政学会編『生活文化論』朝倉書店，1991，p.3

　では，生活文化伝承はどうして必要なのであろうか。ひとつには，生活文化は人が暮らしやすくなるために必要な技術という側面をもつからである。それを，日常生活技術として習得することにより，多岐にわたる暮らしの場面を手際良く，合理的に進めることができるようになるという効果がある。家事の手順や生活時間の管理だけではなく，人との付き合い方についても，決まった挨拶の仕方や常套句，行事の進行過程を知っているだけでも関係づくりや社会参加がスムーズにいったり，安心して人と付き合えたりすることがある。これも生活文化を身につけたゆえの暮らしやすさといえよう。

　また，ある社会に帰属し，その社会のメンバーとして認められるためには，その社会独自の生活文化を身につけていることが条件になる。挨拶や人付き合いの常識，季節の行事に関する知識，食事のマナーなどを身につけていることにより，仲間として受け入れられるようになるのである。反対に，生活文化を伝承されていないことにより非常識と思われ，その社会のメンバーとしてはふさわしくないという評価をされることがある。

　障害のある子どもにとっては，家庭生活が大きな刺激となり，生活文化の一つひとつが子どもの発達を促進することがある。たとえば，家庭においてきょうだい児がいる場合は，障害児のためだけに整備された環境を用意するというわけにはいかない。そのため，障害児には理解できないだろう，または障害児には不要であろうと一般的には考えられるような生活文化が家庭に自然に存在している。生活リズムも障害児中心というわけにはいかないので，きょうだい児の変化ある暮らしを間近に感じながら暮らすことになる。それが，障害児のもっている力を生活の中で引き出していくことがある。たとえば，きょうだい児を毎日幼稚園に送り迎えする必要があれば，障害児も雨の日も風の日も一緒に外出し，雨風や季節の変化を感じながら，多くの子どもの姿や動きに触れることになる。障害児用に特別に作られた飲み込みやすい食事だけではなく，たとえば，食べられないかもしれない焼きそばをきょうだい児と一緒に口にしてみたり，チョコレートやキャラメルを味わってみたりするなど，食生活も変化が多い。きょうだい児が聞いている音楽や，きょうだい児が絵本を読む声に対し，障害児の思いがけない反応が見られる場合もある。たとえどんなに障害が重い子どもでも，このような日

常生活に根ざした生活文化の存在が新しい経験を増やし，感情や表情を引き出していく。施設の場合は，障害児に合わせて適切であろうと考える環境を用意するが，一般の家庭生活と異なる部分も多い。重い障害児にとっても，訓練や指導ではない，生活の営み，生活文化を伝承する行為が生きる力を育てていくのである。障害児施設の養護においても，一般の子どもが経験するような生活文化が重要な要素となることがわかる。施設にいる障害児を社会の中に位置づけていくという意図からも，障害児施設における養護に生活文化を取り入れることは重要な意味をもつのである。

（2）固有の生活文化の尊重と保育士のかかわり

　生活文化にはそれぞれの家庭に独自性があると述べた。子どもが家庭で身につけてきた生活文化を，施設において否定してしまうことは，その子どもの存在の否定つまり，その子どもが自分の家族に所属することを否定することにつながる。欧米諸国で先住民族の子どもに対して欧米の文化を押しつけること（同化政策）が行われたことにより，自分の民族的，家庭的支柱を失い，精神的に不安定になってしまう子どもが多く現れたことはその特徴的な事例である＊。その子どもが生まれ育った文化を尊重し，子どもが属していた家庭や地域を理解しながら生活文化を伝承するという，きめ細かい養護方法が求められる。

　大舎制の施設では，気づかないうちに大きな集団の中で家庭の生活文化伝承を見失う懸念がある。時代にそぐわない内容の生活文化を施設で子どもに伝承していたり，家庭のあり方とかけ離れた暮らし方をしていたりすることにより，家庭で育つ子どもと全く異なる生活文化を身につけることがある。また，大舎制の施設では，家庭と同様の生活文化伝承を大切に考えていても，知らず知らずのうちに何かが抜け落ちていることがある。そのために施設に長くいた子どもが家庭に帰ったときになじめなかったり，他の子どもから見ると奇異な行動に見えたりすることがある。さらには，成長してやがて家庭をもつときに，どのような暮らし方をしたら良いのかわからず，家庭運営や近所づきあい，子育てで途方に暮れる

＊　たとえば，ニュージーランドにおける，マオリ族，アメリカにおける先住民（ネイティブアメリカン）などに対する同化政策にみられる。

こともある。一方，**小舎制**の施設や**里親**，**ファミリーホーム（小規模住居型児童養育事業）**では，家庭に近い規模の暮らしの中で保育士は自らの行為を通じて生活文化を自然に伝承することができる，という利点がある。

　ここで留意すべきことは，施設における生活文化伝承は，専門職としての仕事だということである。保育士の育った家庭の生活文化そのものであってはならない。そのためには，専門職養成の課程で自分のもつ生活文化を一つひとつ見直して，吟味する必要がある。施設において伝承されるべき生活文化は，国や時代の流れに即した内容であり，かつ個々の子どもの育った家庭の文化を尊重したものであることが求められる。

Ⅱ　生活力の習得
生活の自立に向けた援助

社会的養護の基本原則：生活文化と生活力の習得 2
日常生活を通じて，生活文化を伝えていく

（1）施設の日課と文化伝承

　朝起きてから寝るまでの児童養護施設の小学生の日課を，生活文化という視点から確認してみよう。

a.　起床時

　朝起きたときにする「おはようございます」という挨拶は生活文化の一端である。施設保育士が子どもと挨拶を交わすことは，生活文化伝承の一コマといえる。朝，顔を洗ったり，歯を磨いたりすること，またその方法も，時代を経て築かれてきた生活文化である。子どもは，大人のしている方法を見て覚えたり，教えられたりして，その家庭や地域，現代の日本の文化に合わせた洗顔や歯磨きの方法を覚えるのである。

b. 身支度

「今日は遠足だから，どんな服がいいかな」と子どもがつぶやく。子どもの好みを生かしながら，行く場所に応じてどのような服を選ぶのか，ということを保育士がアドバイスする。もし，学校で写真撮影がある日なら，それにふさわしい服を着ることを保育士は提案する。それにより，写真撮影のときには服装に気をつける必要があることを子どもは知るのである。その積み重ねで，子どもは場や目的に合った適切な服装を選べるようになる。

c. 朝食時間

食卓を見てみよう。朝食には，何を食べるのであろうか。いつもパンを食べている家庭もあろうし，ご飯の家庭もあろう。おかずの品目も家庭によって傾向がある。それが家庭がもつ生活文化といえるが，施設ではその食卓風景が子どもにとっての生活文化になる。施設のみが生活の場であった子どもにとっては，施設の食卓が自分の家庭をもったときのモデルになるのであるから，「家庭の食生活の文化を，ここで子どもに伝承するのだ」という意識をもって，食事のあり方を日々見直す必要がある。

食器の選び方についても同様である。破損による損害を防ぐために，施設で割れない食器を使うことがあるが，一般の家庭でそのような食器を使うことはほとんどない。施設で育った子どもが里親のもとで暮らしたとき，食器の扱いが乱暴でいくつも食器を割ったという。施設で使っている食器は割れないので，乱暴に扱うことに慣れていたのである。生活文化の違いといえるが，施設において現代社会の一般家庭の文化を子どもに伝承できていなかった，ということになる。このように施設の生活文化が一般家庭と異なることは，間々あることである。

d. 登校時間

「行ってらっしゃい」「行ってきます」という応答は，日本社会で形成されてきた生活文化である。毎日，どのような言葉（たとえば「車に気をつけてね」「がんばって勉強しなさい」など）をかけながら「行ってらっしゃい」と学校に送り出すのかということは，家庭の生活文化でもある。送り方もいろいろある。玄関の外まで一緒に行って手を振って見送る，家事をしながら玄関に向かって大きな声で「行ってらっしゃい」と言う，などいろいろあろう。これも，毎日の生活の繰り返

しの中で身につくものである。施設では保育士がどのような対応をするかで，伝承される内容が異なってくる。

e. 下校時間

子どもが学校から帰ってくる。「お帰りなさい」「ただいま」の応答，手を洗ってうがいをして，おやつを食べ，遊びに行く，宿題をする，という一連の生活の流れも，現代社会に暮らす人間がつくり上げた生活文化である。

f. 夕食時間

みんなで今日あったことを話しながら食事をする。利き手で箸を持ち，もう一方の手で茶碗を持つ。魚は頭を左にして子どもの前に置いてある。家庭であれば，食卓を囲む家族の雰囲気，食卓として使われているテーブルや椅子，交わされる会話の内容などはそれぞれの家庭によって異なる。しかし，入所している子どもたちにとっては施設の食事風景が，自らの生活文化となり，大人になったとき自分の家族の中で再現され，またその子どもにも伝承されていくものの基礎となる。

g. 就寝前の時間

入浴する前に，その日着ていた衣類を，洗うものとすぐに収納するもの，陰干ししてから収納するものなどに分けて整頓する。ボタンが取れている上着は，後でボタンをつけるために別にしておこうなどと考えるであろう。お風呂はどんな順番で入るのか，どんな頻度で入るのか，シャワーの使い方，頭の洗い方なども個々の家庭で異なっている。大舎制の施設では，お風呂に一緒に入る人数や湯船の大きさひとつをとってみても，家庭とは異なっていることが多い。

h. 就寝時間

寝ようとしたとき，昼間干した布団から「太陽の香り」がする。そういえば，「今日は天気が良いから，布団を干した」と言っていたな，と思い出しながら，眠りにつく。布団を日光や風にあてて気持ちよく整えることは，日本人のもつ生活文化である。子どもはこういう経験を経て，自分が親になったとき，晴れた日には「今日は布団を干そうかな」と自然に思うようになる。

このように見てくると，生活文化伝承が，子どもの生活力の習得につながっているということがわかるであろう。

（2）家庭と連携する文化伝承

　施設で生活文化を伝承することを通じて，家庭で子どもに十分に伝承されな
かった生活文化を補うことができる。施設で家庭の生活文化を意識して養護する
ことができれば，家庭で暮らせない子どもも一般家庭の暮らし方を身につけるこ
とができ，生活力を習得することができるであろう。施設の養護において，生活
文化を意識して伝承した結果，子どもが大人になったときに，施設で伝承された
生活文化を基盤として，豊かな家庭を築くことができるようになるのである。生
活文化伝承は，人間が積み上げてきた知恵と知識を伝承することである。それは，
子どもにとって日常生活を自律的に営むための技術を手に入れることにつながる。

　近年では，**ショートステイ，トワイライトステイ**をはじめとして，施設で短期
間暮らす子どももいる。そのような子どもは，施設と自分の家庭とを比較して，
自分が納得がいくほうの生活文化をとりいれることができる。

　また，**家族再統合**した後，子どもが生活文化を自然に身につけていて，自分の
家庭で，洗顔，歯磨き，うがいなどの清潔習慣や身のまわりのものの整頓がきち
んとでき，一日の流れを自ら滞りなく進めることができれば，子育ての潜在力が
少ない親の負担が少なくなり，家庭の保全につながることも考えられる。さらに
は，子どもが家庭をもったときに，自分の家庭では伝承されなかったことも施設
で覚えたことを基にして，自分の子どもに伝承することができる。このように施
設養護には，家庭で子どもに伝承されない生活文化を補うという機能があるので
ある。

　それは，入所や通所経験がある子どもに限られたことではない。近隣に住む親
や子どもが施設の暮らしに触れることにより，家庭で子どもに伝承しにくい生活
文化を施設職員から知ることもある。家庭における生活習慣が乱れがちで，育児
方法がわからない保護者が多い今日，児童福祉施設のひとつである保育所におい
て展開されている保育内容や生活リズム，給食や日常生活習慣が着目されている。
保育現場の見学やそこへの参加が，家で子育てをしている乳幼児の保護者が学ぶ
べきモデルの提供として，実施されるようになっている。今後は，施設において
も，その生活リズムや食事の内容，子どもへの対応方法などが一般家庭のモデル

になっていくような質の高まりが求められている。

社会的養護の基本原則：生活文化と生活力の習得 3
生活力の習得を視点に，生活文化を伝えていく

　施設における生活力として，生きていく活力と生きていく技術の習得，そこに介在する施設保育士の役割について考えてみたい。

（1）レジリアンス（回復力）

　人間は誰でも理想的な環境で暮らしているわけではない。しかし，本来，人間は生きていく力として，回復力をもっている。困難な環境下で育った子どもが，精神的にたくましく育ったり，自分の力で社会的に成功したりする例がある。子どもにとって，すべてが整った環境がその子どもの力を伸ばすのにベストであるとは限らない。人間には劣悪な環境を生き抜く力が潜在しているのである。この劣悪な環境をも生き抜く力を，生活力という言葉で表すことがある。

　適度のストレスがストレス耐性を育て，困難を乗り越える経験が人の生きる力を育てるといわれている。施設という場にそれを置き換えてみると，子どもはすでに，自分では乗り越えるのが難しいようなストレスや困難を抱えて入所に至っている場合が多い。その困難な環境から子どもを守り育てるのが施設の役割であるといえる。しかし，子ども自身の固有の体験を子どもの人生から切り離してしまわないようなかかわりも求められる。たとえば，実の親のこと，自分の出生のことを子どもが知りたがったときは，子ども自身の出生の事実を子どもの目から隠してしまわないかかわり方が求められる。そして親や出生の真実に子ども自身が向き合い，納得したときに，子どもの生きる活力がさらに引き出される。障害児施設においても，子どもを護るだけでなく，その子の状況に合わせて，子どもの生きる力や**レジリアンス**（回復力）を信じて，本人にゆだねる部分を用意する必要があることは言うまでもない。

（2）人間関係調整力

　人とかかわる力をもつことは生活力習得の一角をなす要素であり，人とかかわる方法は人間の生活の中で培われてきた文化のひとつである。それは定型化された形，たとえば，挨拶，しきたりや行事の進行方法などとして伝承されることも多い。また，個々の人と深く付き合ったり，集団の中で人と適切にかかわったりする能力である人間関係調整力を高めるためには，多くの人間関係をもち，失敗を繰り返すという経験も必要である。傷ついたときに帰れる家庭に代わる施設という場があることにより，安心して人とかかわり，その経験を積んで，生活力のひとつである**人間関係調整力**を獲得し，自らが生活文化を創り出し，伝える一人となることができるともいえる。

（3）自己肯定感

　自分自身が生きていることを積極的な気持ちで受けとめる，という**自己肯定感**があることが生活意欲を高め，生きる活力をみなぎらせる。さらには，より良く暮らそう，という方向に向かって努力していくことができるようになる。自己肯定感があることが，日々の暮らしを大切に気持ち良く暮らすことにつながるといえる。逆方向のアプローチもある。それは，日々の生活を心地良く過ごせるようになること，朝起きて，始まる一日を気持ち良く迎えられるようにすることが，自己肯定感を高める方法となるということである。つまり，子どもが，自分が大切にされていると感じられるように生活環境を心地良く整え，保育士が生活を文化と捉え，日常生活を大切にしようという思いにあふれて子どもに対応することが，子どもの自己肯定感を高めることにつながっていくのである。

Ⅲ　生活の中における専門性の発揮
相談援助の活用

　子どもは暮らしていくための知恵や技術を生活の中で身につけるが，施設という場では自然には身につきにくい生活技術がある。また，障害や生育過程等が原因して，生活技術が身につきにくく，暮らしにくさを感じている子どももいる。そのような場合に，生活技術習得を援助するために専門性を発揮することが求められる。

社会的養護の基本原則：生活文化と生活力の習得　4
相談援助を用いて生活文化を伝えていく

　児童養護施設入所児童等調査によると，児童養護施設の入所児童の場合，養護問題の主な発生理由として2013年には「父又は母の放任・怠だ」が14.7％，「父又は母の虐待・酷使」が18.1％であり，2018年には前者が17.0％，後者が22.5％となっている。「放任・怠だ」はネグレクトといわれる，子どもの世話を適切にしない状態である。この理由で入所した子どもの家庭では，居室の清潔や食事の形態や時間など，子どもの健康を守るための生活文化が形成されていなかった場合が多く見られる。その場合，子どもにとっては，たとえば掃除をしない暮らしや市販の弁当が「私の生活スタイル」であり，親が用意してくれた環境なのである。つまり，このような環境下にいた子どもには，その生活スタイルが生活文化として伝承されていたといえるのである。

　一例をあげてみよう。毎日カップ麺を食べて暮らしてきた幼児がいる。施設に入って主菜や副菜がそろった献立を前にして，この子どもはどのような反応をするだろうか。びっくりして食事をとれなくなる，という反応も考えられる。子どもにとっては，カップ麺＝食事なのだから，生活文化の違いによる戸惑いや抵抗感を感じているのである。このような場合「これが，正しい生活文化ですよ」と

いう説明は，意味を成さないばかりか，子どものそれまでの暮らしを否定してしまうことになる。それにより子どもが，親との暮らしを全否定されたという気持ちになる場合もある。このようなときは，『あるがままの状態を受けとめる』『決して非難しない，否定しない』『自己決定を尊重する』『個人として尊重する』という，相談援助の学びを生かした対応が求められる。さりげなく働きかけながら，子ども自身が「出されたご飯を食べてみよう」とか，「このご飯のほうがおいしいな」と自分で思うようになるような変化を，時間をかけて待つ必要があるということである。そのためには，食事にカップ麺を添えることもあるだろう。このように，施設生活の中でも**ケースワークの原則***などの相談援助の学びを活用することが重要である。

　食事に限らず生活文化を通じた援助は，日々の暮らしを通じて入所児童の生活基盤形成の過去・現在・将来にかかわる働きかけである。職員が親から提供されてきた生活文化を基準として一方的に提供したり，教えたりするのではなく，相談援助の学びを念頭に置きながら，子どものレジリアンス（回復力）を信じて個人に焦点を合わせて子どもとかかわる必要がある。

社会的養護の基本原則：生活文化と生活力の習得 5
SSTを用いて生活文化を伝えていく

　個別化と同時に，施設には類似の課題を抱えた子どもが複数いることを視点として，集団を活用した相談援助をすることもある。食事の場面や行事，子ども同士の話し合いや助け合いの促進など，集団を活用する援助場面は多いが，ここでは生活技術習得を援助するために行われる専門技術として，施設に特に必要な**ソーシャル・スキル・トレーニング（SST）**を紹介しよう。

　ソーシャル・スキル・トレーニング（SST）とは，社会で暮らしにくさを感じ

---

*　ケースワークの原則　　ケースワークとは個人に対する援助で，ここではバイステックによるラポール（信頼関係）形成のためのワーカーの態度を「原則」として表している。p.101の文献リストに掲出の『ケースワークの原則』を参照。

ている人が適切に行動できるようになるために活用する援助技術である。精神障害者の社会参加を期して行われるようになったが，現在では，知的障害者，司法分野の矯正教育で取り入れられていて，社会福祉施設での活用にも関心が高まっている。

　SST の基礎には

　①　人は，他人を観察したり，模倣したりすることを通して新しい行動を学ぶ

　②　人は他人との相互的な関係において社会的に成長していく

という考え方がある*。

　SST は，人間関係をうまく築けない子どもが人とかかわる方法を練習し，自信をもって近隣や学校で暮らせるようになるために役立つ方法である。

　SST はグループで行うことが多い。施設においても，集団の長所を活用し，グループで実施することができる。

　施設で活用する場合は，身につけたい生活技術に関して，まずみんなで解決法を考える。ロールプレイにより具体化し，その内容に対して，仲間による支持的な応答（正のフィードバック）を受けて，さらにリハーサルを行い，自信をもって現実場面に臨むというプロセスである。

　たとえば，友だちの家に行ったときに，どのようにふるまったら良いのかわからず，いつも気まずい気持ちになる子どもがいる。一人の子どもがそのような状態でいることは，他の子どもにも同様の課題があるのではないか，と考えられる。そのようなときに SST が使える。

　まず，同じ悩みがある子どもを集めて，施設の部屋を友だちの家に見立てて練習をするのである。保育士の一人が友だちの親の役をして，子どもが家を訪ねるシーンを再現する。そして，その子どもが考えた方法で挨拶し，周囲で見ている子どもたちがその方法の良いところを褒める。その後，自分ならこうする，このほうがもっと良い，というような話し合いをし，保育士もアドバイスをして，一番良いと思われる方法をみんなで練習する。1 週間くらいして，また同じメンバーが集まって 1 週間の間に SST で練習した方法を試したか，うまく行ったか，と

＊　福島喜代子／北川清一ほか編『ソーシャルワークにおける SST の方法』相川書房，2004，p.30

いうような振り返りを行い，成果を確認しあう。

　他にも，買い物をする，わからないことを質問する，他人に何かを頼むというような方法も，SST を活用して習得できる。さらに，友だちとおやつを分け合う，体調の悪そうな同室者に声をかけるなど，生活場面でうまくかかわれないことについても，SST として取り組むことが考えられる。就職や受験の面接を控えて不安な子どもに対して，保育士と 1 対 1 で SST を行うこともあろう。自己紹介場面をイメージして，想定される質問や状況をロールプレイで行い，応答の内容を検討する，などが子どもの自信を引き出すことにつながる。また，障害のある子どもが，家事などの日常生活に必要な生活技術をグループで練習しながら自立に向かうことに関しても，SST のプロセスが応用できる。

　施設には，一般家庭の子どもがもっていない，家庭や自分自身の生活文化の課題をもっている子どもたちが暮らしている。そして，その子どもたちはその課題ゆえに暮らしにくさや社会へ適応することの難しさを感じている。それを軽減するためには，保育士が一つひとつの生活場面を通じて援助する必要がある。その際に，専門職には，SST のような課題解決の枠組みを提供するという役割がある。SST は構造化が重要な要素になる*ので，施設の生活が指導と訓練の雰囲気にならないためにも，SST のような取り組みを，時間枠を設定して子どもの状況やニードに応じて行うことが必要であろう。家庭的な雰囲気が求められる施設では，何かのついでにではなく，時間を設定し，計画的に取り組む必要がある。

　施設は集団生活であり，専門職がいるので，家庭では難しい SST のような実践を養護の中で計画的かつ継続的に行うことが可能なのである。

　ここで紹介したような専門性を発揮する取り組みは，今後も養護の中で実践されていくであろう。しかし，不適切な関係を体験してきた子どもたちが人との関係のつくり方や身につけた生活文化を望ましい方向に変えていくことには困難を伴う，ということが現場の状況からは見てとれる。職員が良かれと思って努力したことが，子どもから抵抗にあい，職員自身が無力感や失望感をもつことも珍し

＊　前田ケイ『SST ウォーミングアップ活動集—精神障害者のリハビリテーションのために』金剛出版，1999，p.11

くない。しかし，そのようなときにこそ，一番困っているのは子どもなのだということ，施設保育士はその子どもを支える専門職であり，ともに取り組み連携できる仲間がいるのだ，ということを忘れてはならないだろう。

【引用文献】

福島喜代子／北川清一ほか編『ソーシャルワークにおける SST の方法』相川書房，2004

前田ケイ『SST ウォーミングアップ活動集―精神障害者のリハビリテーションのために』金剛出版，1999★

日本家政学会編『生活文化論』朝倉書店，1991

【参考文献】

F.P. バイステック／尾崎新ほか訳『ケースワークの原則―援助関係を形成する技法』誠信書房，2006★

W. ボーグほか／藤川洋子・小澤真嗣監訳『子どもの面接ガイドブック―虐待を聞く技術』日本評論社，2003

U. ブロンフェンブレンナー／磯貝芳郎・福富護訳『人間発達の生態学―発達心理学への挑戦』川島書店，1996

L. M. グティエーレス，R. J. パーソンズ，E. O. コックス編／小松源助監訳『ソーシャルワーク実践におけるエンパワーメント―その理論と実際の論考集』相川書房，2000

メアリー・エドナ・ヘルファ，ルース・S. ケンプ，リチャード・D. クルーグマン編／坂井聖二監訳／子どもの虐待防止センター監修『虐待された子ども―ザ・バタード・チャイルド』明石書店，2003

五十嵐一枝編著『軽度発達障害児のための SST 事例集』北大路書房，2005

加藤孝正編著『新しい養護原理』ミネルヴァ書房，2003

河合利光編著『生活文化論―文化人類学の視点から』建帛社，1995

佐々井啓ほか編著『生活文化論』朝倉書店，2002

東京 SST 経験交流会編『事例から学ぶ SST 実践のポイント』金剛出版，2002★

ベセル・A. ヴァン・デア・コルク，アレキサンダー・C. マクファーレン，ラース・ウェイゼス編／西澤哲監訳『トラウマティック・ストレス―PTSD およびトラウマ反応の臨床と研究のすべて』誠信書房，2001

第8講

社会的養護の基本原則V
生命倫理観の醸成
―生と性の倫理―

　本講の目的は，家庭機能に基礎を置いた生命倫理観の醸成という施設養護の内容について知り，保育士が「いのち」について深く考える必要性を理解することである。
　そのために〈社会的養護の基本原則：生命倫理観の醸成〉として以下の5原則を示し，その内容について説明している。
　①「自分自身の生命倫理観を振り返りながら暮らす」
　②「私はどうして生きているの？　という問いに向き合う」
　③「死や別れと向き合う心を育てる」
　④「子どもの性と心の育ちに向き合う」
　⑤「生と性を連続線で結んでいく」
　児童養護の場面で出会う「いのち」の問題は重いが避けて通れない。専門職として，人として，悩みながら「保育士を志すあなたへの課題」についても，自らに問いかけてほしい。

Ⅰ　入所児童の生活環境と生命倫理観
援助者の生命倫理

社会的養護の基本原則：生命倫理観の醸成 1
自分自身の生命倫理観を振り返りながら暮らす

　施設に入所している子どもの場合，生まれたときから今まで，大切にされない経験が多かったことが考えられる。虐待されてきた子どもはもちろんのことであるが，両親の不和や経済的困難などでも，子どもは自分の存在が喜ばれていないのではないか，という気持ちでいるかもしれない。

　子ども自身が自分の生い立ちや家族をどう感じているかということはとても重要だといえる。たとえ，親の心の奥底に子どもを思う気持ちがあっても，子どもに向けてそれを表現していない場合，子どもは親の愛情を十分に受け取れないまま施設に来る。施設に入所してくる子どもは，自分を大切にされた経験に乏しいために人に優しく接することができない状態にあるかもしれない。そのような子どもは自分の生命を大切に思えるような人とのかかわりを施設で経験することを通じて，他者の命も大切にできる人として育つことができる。そう考えれば，保育士がどのような生命倫理観をもっているかが重要なことがわかる。

　生命倫理観という言葉は難しく響くかもしれないが，人は生活のいろいろな場面で自分の生命倫理観を表現しているものである。だからこそ，子どもの生活全体にかかわる専門職は，自らの生命倫理に向き合わなければならないのである。

　「生活のいろいろな場面で自分の生命倫理観を表現しているものである」，と述べたが，それが無意識に，しかし顕著にあらわれてくる場面を紹介しよう（それぞれの事例は，実際にあったことを基にしているが，教材として紹介するために一部修正を加えている）。

（1）おにぎりを盗んだ若者

　　若者Nは父親が公務員で，兄もまた公務員である。兄も父親も学校や職場を休むことはなかった。一方，Nは家庭や進学した高校になじめないまま，家出を繰り返すうちにホームレスのような暮らし方をするようになった。ある日，お腹がすいたNは，コンビニでおにぎりを1つ盗もうとして，アルバイト店員に見つかった。怖くなったNは逃げようとしてその店員を突き飛ばし，死なせてしまった。アルバイト店員は一流大学に通う成績優秀な学生であった。

　　これを伝えたニュースショーのコメンテーターであるタレントは「有能な若者が，ホームレスの若者に殺されてしまいました。有能な若者が亡くなって，ホームレスの若者が生きている，というのは納得ができません」と感情を高ぶらせながら話していた。

　人が人を死なせてしまうということや盗みは許されるものではないが，あなたも，「有能な若者が亡くなって，ホームレスの若者が生きている」というのは納得ができないだろうか？　逆だったらどうなのだろうか。

（2）障害児を殺した母親

　　ある母親は二人の障害児を育てていた。育児に行き詰まり，その一人を殺してしまった。殺人であるから，もちろん母親は逮捕された。その後，近隣の住民から，「障害児を育てるのは大変なことで，その苦労は計り知れない。何とか刑を軽くしてほしい」という署名活動が始まった。その活動に対して，障害者の団体から「健常児を殺す場合と障害児を殺す場合，障害児を殺したほうが罪が軽いというのはおかしい。障害児の生命の価値は軽い，ということか？」という減刑嘆願への反対運動が起こった。

　あなたは，「障害児を育てるのは大変なことで，その苦労は計り知れない。何とか刑を軽くしてほしい」という署名を頼まれたら，どうするだろうか？　また，減刑反対運動の人から署名を頼まれたらどうするだろうか？

（3）お誕生おめでとう

　あなたは妊娠中のお母さんに「体に気をつけて，元気な赤ちゃんを産んでくださいね」などと励ましの声をかける人を見かけたこと，または，自分自身がそう言ったことがあるだろうか。この言葉の意味には，元気な子どもが生まれるかどうかは母親次第，ということが暗に含まれているのではないだろうか。赤ちゃんは元気で生まれるに越したことはないが，先天的に障害のある子どもは一定の割合で生まれる。そして，このような励ましの言葉の裏返しとして，障害児を産んだ母親は肩身の狭い思いをすることがある。障害児の母親が第二子を妊娠したら，夫の親から「まともな子どもも産めないくせに……また？」と言われたという話はこれと無関係ではない。

　赤ちゃんを出産したとき，普通は「おめでとう」と言われる。だが，生まれた子どもに障害があるとわかったら，お祝いの品物もお祝いの言葉も一切届かなかったという話がある。これは，望まない妊娠で生まれる子どもの場合もそうであろう。

　生まれてきたときの条件が厳しければ厳しいほど，母親も子どもも心細い思いなのである。だから，そんな子どもこそ，この世界に登場するときに，よりたくさん「おめでとう」の言葉を求めているのではないだろうか。

　誰でも元気な（障害のない）子どもが欲しいのは当たり前だ，という人が多いかもしれない。しかし，出産休暇に入るとき，「五体満足な子どもを産んでね！」という言葉に，「ありがとうございます。でも，『五体満足であってもなくても，大事な子ども。かわいがって育てようね』と夫と話しているんですよ」と答える女性に出会ったことがある。保育士を目指すあなたはどう考えるだろうか？

社会的養護の基本原則：生命倫理観の醸成 **2**
私はどうして生きているの？　という問いに向き合う

　虐待という入所理由が多い現在，施設に自分のことを大切に思えない子どもが多くいる。その子どもたちは，「お母さんはどうして私を産んだの？」「どうして

一緒に暮らせないの？」「私は愛されていなかったの？」などの傷ついた気持ち
を心の奥底にもっている子どもたちであり，マイナスからの回復への援助をする
ことが必要な子どもたちなのである。

　そんな子どもたちにとって誕生日は，一般の子どもたちの何倍も重要な意味を
もつ日である。

　赤ちゃんとして生まれたその子どもが，何回目かの誕生日である今日まで育っ
てきた，ということを考えてみよう。**ホスピタリズム**について第 1 講（p.9）で学
んだ。乳児は愛情を受けないと死んでしまう。生を受けたその子どもが，今ここ
に生きている，ということは親をはじめとする多くの人から，その子どもが愛情
を注がれてきた証拠なのである。もし，両親と一緒に暮らせなかったとしても，
両親以外の人たちの愛情を受けられたという証しであるのだ。

　また誕生日は，自分を産んでくれたお母さんやお父さんがいた（いる），とい
うことを強く感じる日でもあるのだ。お母さんとお父さんが愛し合い，お母さんの
おなかの中に 10 か月近く抱かれていて，その結果自分が生まれた日なのである。
父母の性行為がなければ子どもはできないし，妊娠期間に母親の胎内で栄養を与
えられることがなければ生まれることはできない。誕生日は，性行為が愛情を基
礎に置くものであり，いのちの営みであることや，妊娠・出産が大きな負担と生
命のリスクを伴うものであることなどを，状況に応じて，また子どもの疑問に答
えて教える機会である。「どうして私を産んだの？」という問いに「お父さんと
お母さんが愛し合ったから」という意味合いの答えを，年齢に応じて返していく
日が誕生日であるといえる。誕生日は，子どもが自分の中で生と性を結びつけて
感じる日であり，生と性を大切にする心を育てる日でもある。

　「愛されて生まれた私」「愛されて育ってきた私」「だから今，私は生きている」
ということについて，誕生日をはじめとする生活場面を通じて子どもが感じるよ
うな伝え方を繰り返すことは，社会的養護において重要な意味をもつ。

　虐待された子どもは，「愛されて生まれた」と言われても，「では，どうしてお
母さん（お父さん）は私をぶったの？」「どうして，一緒に暮らせないの？」と思
うかもしれない。真の意味で親が心身ともに健康であり，育児や生活の中で発生
する困難に対応する潜在力があり，家族に対する周囲の人からの適切な支援があ

る状況下では防げたであろう虐待は多い。さまざまな条件が整わない環境下で子どもにいってしまったしわ寄せを，社会の問題として解決しようという場が施設（社会的養護）である。そのことを施設保育士が自分の中でしっかりと理解した上で，子どもや家族と向き合えていれば，日々のかかわりの中で，「大切な自分」「（本当は）自分を愛していた（愛したかった）親（のイメージ）」が子どもに伝わっていくであろう。そして，「どうしてお母さん（お父さん）は私をぶったの？」という心の叫びへの適切な答えを，子ども自身が自分の人生の中で見つけていく力を得るようになるであろう。

社会的養護の基本原則：生命倫理観の醸成 3
死や別れと向き合う心を育てる

　施設で飼っている犬や猫，鳥などペットが死んでしまうことがある。子どもは悲しい思いをする。そんなとき，あなたが職員なら，どんな対応をするであろうか？　子どもの生活の中から，死を悲しい経験，子どもが見てはならないもの，として切り離してしまうことは，生命倫理観醸成の観点からも子どもの自尊感情を育てる立場からも決して望ましいことではない。

　そのヒントを与えてくれる本に『ずーっと　ずっと　だいすきだよ』*がある。『ずーっと　ずっと　だいすきだよ』を読んでみよう。主人公の「ぼく」は犬のエルフィーと一緒に仲良く大きくなった。やがて，エルフィーは年をとって死んでしまう。

　　　　「ぼくだって，かなしくてたまらなかった
　　　　けど，いくらか，きもちがらくだった。だってまいばん
　　　　エルフィーに，『ずーっと，だいすきだよ』って
　　　　いってやっていたからね」

と，「ぼく」は思った。

　一緒に暮らし，愛した小動物を見送るこのような経験は，子どもにとって辛い

＊　ハンス・ウィルヘルム／久山太市訳『ずーっと　ずっと　だいすきだよ』評論社，1988

ことであろう。しかし，愛情を注いで一緒に暮らすという悔いのないかかわりをしたときは，そのことにより，別れに際しても，心が安定するものである。ペットの死に出会い，愛情を注いできた自分を子どもが自分の心で確認し，立ち直れたとき，子どもは自分自身も大切にできるようになるのではないだろうか。『ずーっと　ずっと　だいすきだよ』は，こういう言葉で結ばれている。

　　　「いつかぼくも，ほかの犬をかうだろうし

　　　子ネコやキンギョも，かうだろう。

　　　なにをかっても，まいばん

　　　きっと，いってやるんだ。

　　　『ずーっと，ずっと，だいすきだよ』って」

　「ぼく」はエルフィーの死を受け容れて，次の段階に進めるようになっている。そのような生命観を育む養護実践を，子どもが死に面したときに初めて行うのは無理がある。すべての命との日々のかかわりを大切にする生き方の中で，育てていくものなのである。職員の対応方法次第で「愛情いっぱいにかかわること」と「別れを受け容れること」が子どもの心の中で実感としてつながっていく。生きていくことには死が含まれており，「死は生きる意味の一部になっている」*のである。大切な人やものとの別れは死だけではない。施設には，他の子どもたちよりも多くの別れを経験してきた，そして，しなければならない環境にある子どもたちがいる。その子どもたちが別れの場面と出会ったときに，それを意味あることにしていくという役割が保育士にはある。

社会的養護の基本原則：生命倫理観の醸成　4
子どもの性と心の育ちに向き合う

　子どもたちとお風呂に入る，子どもをお風呂に入れるということは日々の生活の中で行われている。それにはどのような意味があるのだろうか。清潔習慣，健康管理という意味からだけではない。入浴は，心の育ちという面からも重要な養

＊　V. E. フランクル／山田邦男・松田美佳訳『それでも人生にイエスと言う』春秋社，1993，p.49

護の場面になる。

　幼児期における入浴は，体を大切に洗おうとする行為や保育士の言葉かけから，子どもに自分自身の体の大切さを知らせていく機会である。また，幼くてもできる限り自分の性器は自分で洗うように促すことにより，「他者に侵害させてはならない自分自身の大切な体」という，理屈抜きの感性や自尊感情が育っていく。このような感性を育てるのは，何百回の説明よりも日々の体験である。

　どの種別の施設においても，男女別の入浴時間を確保することや異性による入浴や着脱介助（**異性介助**）を行わないことは，人としての尊厳にかかわることとして最優先させなければならない。それは，小さな子どもに関しても同様である。施設養護は社会的養護の一環であり，家族ではない他人による養護であることを考えれば，子どもであっても混浴は問題なのである。「男性職員が，女の子と一緒に入浴できるのは，女性職員が，男の子と一緒に入浴できるのは，子どもが何歳までか。家庭では，子どもが一緒に入るのを嫌がったらという，漠然とした理由を基準にしている事柄も児童養護施設の場合，しっかりとした基準がない」*という現実がある。その結果「小学3年生の男児や女児と男性指導員が一緒に入浴をしていた」**「小学6年生の男児と女性保育士が一緒に入浴をしていた」***ということが発生してくる。知的障害児においてはなおさらである。施設における**ボランティア**や**実習生**による異性介助は論外であるが実態として行われていることがある。近年，幼児が性犯罪の被害にあう事例が多いこと，幼児対象の写真や覗きを含めて性犯罪と捉えられていること，小学校低学年でも初潮があることなどに見られるように性的発育が早いこと，中には羞恥を感じている子どもがいるかもしれないこと，それらは個々の子どもによって大きく違うこと，などを考えてみれば，上記のようなことに関しておおらかな気持ちで構えていてはならないことがわかるであろう。

　家庭ではお風呂に一緒に入らなくなる前に，日常的なかかわりの中で「もうお

＊　"人間と性"教育研究協議会児童養護施設サークル編著『子どもたちと育みあうセクシュアリティ―児童養護施設での性と生の支援実践』クリエイツかもがわ，2005，p.32
＊＊　同書，p.33
＊＊＊　同書，p.33

風呂に一緒に入るのは，やめたほうがいいだろう」という子どもの様子を親が感じとる。たとえば着替えるときに一人になりたがる，シャワーを浴びるときに鍵をかけていた，自分だけの時間やスペースや体験を大切にし始めるなど，子ども自身の羞恥心が強くなり，プライバシーが成立してきた兆しがそれである。

　家庭では，年齢や規則からではなく親としての感性から，このような個々の子どもの育ちを把握して，それぞれの個性や成長に合わせて対応していく。ところが，施設では集団の生活形態や生活機会が多く，子どもがプライバシーを主張しにくく，子ども自身の側には，なんとなく感じ始めた羞恥心を自分からは表明しにくい，というような課題や施設という環境条件がある。だからこそ，異性介助や入浴の仕方に関しては家庭よりもさらに慎重に考え，羞恥心を意図的に育てていく視点で臨むことが求められる。羞恥心は，自分の体や心を人と分けて考えることを通じて，自分の生と性を大切にしようとしている気持ちの現れである。それが，自分自身の性を大切に考え，人の性も大切に考える心の基盤となっていくのである。

社会的養護の基本原則：生命倫理観の醸成 5
生と性を連続線で結んでいく

　入所している子どもの親たちは，結婚して子どもを育てていくという意味においては，うまくいかない人生を歩んだといえるであろう。その子どもである入所児童たちも，やがては成長して自らの家庭を築いていく。そのとき，子どもをもつことや，結婚することや親の役割について，どう考えていけば良いのであろうか？　結婚に関する考え方や，子どもをもつことと結婚することの関係，あるべきとされる家庭像は時代とともに移り変わっていく。結婚することは生きること，愛することにつながるが，「こうあるべき」といった考えによって，入所している子どもたちやその親たちの生き方を裁くようであってはならない。

　「**性の権利宣言**（第13回世界性科学学会*総会）」では，「自由な性的関係への権

＊　スペインのバレンシアで開催。世界性科学学会は WHO と協力関係にある。

利」として，「結婚するかしないか，離婚するか，あるいは他の形での責任ある性的な関係を結ぶか，どれも可能である」*と性に関する権利を説明している。このように性の価値観が多様化した時代にあって，児童福祉施設における性への対応は難しい問題を含んでいる。

　養護の現場では，生と性に関する倫理観の形成や実際の対応への心構えを子どもにばかり求めてきたのではないだろうか。施設入所している子どもの性に関する倫理や結婚，生きること，愛することへの悩みや迷いは，一般の子どもより複雑である。それに対応するために，養護にかかわるものは，自分自身の考えを深めておく必要がある。つづくⅡでは，そのためにいくつかの素材を用意した。

　専門職として生と性にかかわるのは，子どもやその家族を一定方向に導き，指導するためではない。子どもや親，家族が責任ある生と性を選択するために自身で考えたり，思いを整理したりしながら歩んでいくプロセスの陰の支援者となるためである。環境や障害のあるなしや年齢にかかわらず，生きていくのはかけがえのないその人自身なのだから。

Ⅱ　専門職としての生命倫理
保育士を志すあなたへの課題

保育士を志すあなたへの課題 1
生まれることと産むこと，育てることをどう考えますか？

　施設に入所してくるのは，生まれ，育つということにおいて，極端な状況下にあった子どもたちも多い。その子どもたちに，保育士になるあなたはどのように向き合えるのだろうか？　向き合える自分がいるのだろうか？　答えは出なくとも深く考えてみよう。

＊ “人間と性” 教育研究協議会児童養護施設サークル編著，前掲書，pp.222-227

(1) 子どものいのちは誰のもの？

　救命手術をすれば助かるが，重い障害をもつことになる子どもMくんがいる。手術後は家庭で育てることができるのだが，両親は救命を拒んで，手術への同意をためらっている。障害児の親として生きる自信がない，障害児を育てる気持ちはない，というのである。そのとき，弁護士が子どものいのちは子どものもので，両親に選択する権利はないこと，親が育てる気がなくても，乳児院があるので，育てられることを説明し，その結果両親が納得して手術が行われた。手術後，Mくんは乳児院に預けられた。乳児院では，保育士がMくんの生命の大切さを実感しながら養護する。保育士が支える相手は，Mくんの生命だけではない，その親や祖父母，親族，周囲の人々にも生命倫理観を伝え，支えるのである。その方法は言葉ではなく，子どもを養護する行為である。保育士となるあなたには，それができるはずである。

(2) 親は誰が育てるのか

　学生同士が愛し合い，予期しない妊娠でSちゃんが生まれた。二人とも「大学をやめる気はない，子どものために苦労したくない」と言う。二人の両親（子どもの祖父母）は，その無責任さに激怒しており「孫を引き取る気はない」と言う。Sちゃんは，乳児院に引き取られることになった。子どもを養護する保育士の日々の姿にいのちを大切にする気持ちがあふれていることは，それを見る人の心を動かす。Sちゃんの事例でも，Sちゃんに時々面会に来る祖父母が保育士の姿に心を動かされ，Sちゃんを愛しく思うようになり，やがて，Sちゃんの両親を伴って面会に来る回数が増えた。そして，ついに若い両親がSちゃんを引き取り，祖父母の協力を得ながら育てることになった。

(3) 子育ての社会化の意味

　子育ての社会化という言葉を聞いたことがあるだろう。その掛け声の中で，子育て支援が行われ，一般家庭の子育てに対しても多くの支援が行われている。社会化された子育てにおいては，子どもは社会的存在である。社会に生きる人とし

ての子どもの人格を認めるようになってからは，子育ての社会化という言葉が使われるまでもなくそうであった。しかし，現実には子どもは家の財産として考えられてきた。跡継ぎとして，老後を託す相手として，子どもは，親のものであり，どのような育て方をしようが，親のために生きることを強制しようが親の自由であった。それにNO！と言うのが子育ての社会化という言葉のもつ意味のひとつである。

　子育て支援は，ただ単に子育てをお手伝いしましょうという単純な親切ではない。子育ては私的な事柄ではなく，子どもは親の私物ではない。子どもは社会に送り出すために親が預かって育てているのである，という基本に立っている考え方であり取り組みなのである。施設における養護も預かって育てているという意味において同じ行為である。どのような親であっても子どもにいのちというかけがえのないものを与えている。続く「保育士を志すあなたへの課題2」を読んで，親から子どもへとつながるいのちの環という視点から，子どもの存在，その養護にあたる自分の考え方をさらに深めてみよう。

保育士を志すあなたへの課題 2
いのちの循環への参加をどう考えますか？

(1)「いのち」と「生命」

　「いのち」と「生命」という書き方があるが，この2つは同じであろうか？
　『ポケットのなかのプレゼント』という絵本がある。この絵本は，2人の子どもを残して亡くなった母親が病床で，残していく子どもに童話によって託した「いのち」のメッセージである。
　『ポケットのなかのプレゼント』を読んでみよう。
　森の奥に暮らしているうさぎたちはポケットをつけたジャケットを着ている。子どもの誕生日が来ると，お母さんが新しいポケットを縫いつけてくれる。この森で生まれたうさぎちゃんは，お誕生日ごとにその歳にあったプレゼントをポケットにもらいながら大きくなった。大人になったうさぎちゃんは，大きな

リュックサックをプレゼントされて旅立つ。

　お母さんは,

　　　「わたしの子どもだとおもっていたけれど,

　　　もしかすると

　　　神さまからのおあずかりものだったかもしれないわ」

と思いながら見送るのである。

　やがて,うさぎは遠い国で結婚する。うさぎのお母さんはお父さんが着ていた
ブレザーをうさぎにプレゼントした。

　　　「うさぎは　着ていたジャケットのポケットから

　　　今までもらったプレゼントをぜんぶとりだすと,

　　　おとうさんからもらったブレザーのポケットに　しまいました。

　　　いつでもとりだせるように。

　　　そして　いつかじぶんたちに子どもが生まれたら,

　　　それをあげたいとおもいました」*

　うさぎのポケットの中身には生活文化が,お父さんが着ていたブレザーには,
つながっていく「いのち」の環の存在が感じられる。

　「生命」は肉体とともにあり,死という限界があるが,「いのち」は循環し,生
き続ける存在である。お父さんが着ていたブレザーはお父さんの「いのち」とし
て子どもに受け継がれて,らせん状に未来につながるいのちの環を形づくってい
く。

　エルフィーを見送った「ぼく」がエルフィーとの別れを受け容れられるのは,
「ぼく」にはエルフィーのいのちが感じられるからである。「ぼく」の心の中のエ
ルフィーは「ぼく」と一緒にいのちの環の中にいるのである。

　事故や医療ミスで子どもを失った親がいる。その中には,「この子の死を無駄
にしたくない」と,交通安全の運動にかかわるようになったり,裁判を起こした
りする親がいる。その子が生きた証しが社会につながっていくこと,「いのち」
の環のつながりにその子どもが参加していくことを心から求め続ける行為とも思

─────────────────

＊　柳澤恵美文・久保田明子絵『ポケットのなかのプレゼント』ラ・テール出版局,1998

われる。一方では，求められずに生まれ，誰にも看取られずに亡くなる子どももいる。では，そのような子どもは，どうしたらいのちの環の中に入ることができるのであろうか？　保育士となるあなたはどう考えるのだろうか？

(2) いのちの循環

『葉っぱのフレディ』*を読んでみよう。

葉っぱのフレディは散るのが怖かった。葉っぱのフレディにいろいろなことを教えてくれた友だちに物知りのダニエルがいた。ダニエルは

> 「ぼくらは　春から冬までの間　ほんとうによく働いたしよく遊んだね。まわりには月や太陽や星がいた。雨や風もいた。人間に木かげを作ったり　秋には鮮やかに紅葉してみんなの目を楽しませたりもしたよね。それはどんなに　楽しかったことだろう。それはどんなに　幸せだったことだろう」

こう説明して，

> 「満足そうなほほえみを浮かべ　ゆっくり　静かに」

散っていった。

やがてフレディも散っていく。フレディは，葉っぱとしての一生を終えて，役割を果たし，土にかえった。フレディは，生まれ，働き，周囲の役に立ち，老いて死んでいったことになる。葉っぱのフレディは雪水に溶けて形を変えながら，いのちとして循環するのである。

一方，3歳で亡くなった重症心身障害児のTくんがいる。Tくんは幼くして亡くなった。他の多くの子どもたちと同じように，生まれ，働き，周囲の役に立ち，大人になり，老いて，人生の四季を送り，やがて死んでいくのではない。その意味からいのちを考えると，重い障害とともに生まれ，幼くして亡くなる子どものいのちはどう循環すると考えれば良いのであろうか。自分がTくんになったつもりで『葉っぱのフレディ』をもう一度読んでみよう。Tくんの「いのち」はどのように形を変えながら，いのちとして循環すると，あなたは考えるだろうか。

---

* レオ・バスカーリア作／みらいなな訳『葉っぱのフレディ―いのちの旅』童話屋，1998

保育士を志すあなたへの課題 3
世の中とのかかわりをどう考えますか？

　「おかげさま」という言葉を言ったり聞いたりしたことがあるだろうか？　直接お世話になっていない人に，「おかげさま」と言うことがある。「おかげさま」とは何のことだろう？　ただの挨拶であろうか？　人は一人では生きられないということから，この言葉を理解してみよう。

　今朝起きてから今までの行動を振り返ってみよう。天気はどうだっただろうか？　晴れていれば，洗濯物が乾いたり，さわやかな気分になったりする。太陽の「おかげ」である。雨天だったら，雨が草木に水を与え，空気に湿り気を与えてくれる。雨水の「おかげ」である。乗り物はスムーズに動いていただろうか？　いつものようにここまで来られたなら，時刻表どおりの運行に努力している鉄道会社の社員の「おかげ」である。道路はきれいだっただろうか？　掃除は誰がしたのだろうか？　このように，すべてがつながっている，互いに支えあって世の中が回っている。このいのちの環が，「おかげさま」のこころである。

　施設で暮らす子どもや障害児者は，人の「おかげ」で生きているからという理由で「ありがとう」を言うことを強いられることがある。しかし，施設で暮らす子どもだけではなく，誰もが周囲の「おかげ」で，人の世話になって「おかげさま」と「ありがとう」で生きているのである。施設で子どもと暮らす保育士も，「おかげさま」と「ありがとう」で，いのちの環の中で，支えられて生きているのである。保育士がその実感をもっているかどうかは大事なことである。あなたは，「おかげさま」と「ありがとう」の心をもっているであろうか。

【引用文献】

V. E. フランクル／山田邦男・松田美佳訳『それでも人生にイエスと言う』春秋社，1993
レオ・バスカーリア作／みらいなな訳『葉っぱのフレディ―いのちの旅』童話屋，1998
"人間と性"教育研究協議会児童養護施設サークル編著『子どもたちと育みあうセクシュアリティ―児童養護施設での性と生の支援実践』クリエイツかもがわ，2005★

ハンス・ウィルヘルム／久山太市訳『ずーっと ずっと だいすきだよ』評論社，1988

柳澤恵美文・久保田明子絵『ポケットのなかのプレゼント』ラ・テール出版局，1998

【参考文献】

阿部志郎『福祉の哲学』誠信書房，1997

Hannah Arendt, The Human Condition, University of Chicago Press，1958

ハンナ・アレント／志水速雄訳『人間の条件』筑摩書房，1994

ハンナ・アーレント／仲正昌樹訳『暗い時代の人間性について』情況出版，2002

レオ・バスカリア／草柳大蔵訳『愛するということ，愛されるということ―たがいに分かちあ
　える"ほんものの人生"をさがしに』三笠書房，1992

レオ・バスカリア／葉祥明絵・近藤裕訳『レオ・バスカリアのパラダイスゆき 9 番バス―
　「もっと素敵な自分」への出発』三笠書房，2000

Nancy Fraser, Unruly Practices : Power, Discourse and Gender in Contemporary Social Theory,
　University of Minneapolis Press，1989

パウロ・フレイレ／小沢有作ほか訳『被抑圧者の教育学』亜紀書房，1979

日野原重明『「フレディ」から学んだこと―音楽劇と哲学随想』童話屋，2000

広瀬飛一写真・福岡光子文『生まれてよかった』日本図書センター，2003

堀智久「「障害者の親」が感情管理する主体となるとき」障害学研究編集委員会編『障害学研究
　1』障害学会（明石書店），2005

I. イリイチ他／角南和宏ほか訳『対話―教育を超えて I. イリイチ vs P. フレイレ』野草社（新泉
　社），1980

河邑厚徳・グループ現代『エンデの遺言―根源からお金を問うこと』日本放送出版協会，2000

北沢杏子『ぼくのいもうとがうまれた』アーニ出版，1984

エリザベス・キューブラー＝ロス，デーヴィッド・ケスラー／上野圭一訳『ライフ・レッスン』
　角川書店，2001

エリザベス・キューブラー＝ロス／鈴木晶訳『死ぬ瞬間―死とその過程について』中央公論新
　社，2001

アマルティア・セン／大石りら訳『貧困の克服―アジア発展の鍵は何か』集英社，2002

アマルティア・セン／徳永澄憲・松本保美・青山治城訳『経済学の再生―道徳哲学への回帰』
　麗澤大学出版会，2002

障害学研究編集委員会編『障害学研究 1』障害学会（明石書店），2005

立岩真也『弱くある自由へ―自己決定・介護・生死の技術』青土社，2000

横塚晃一『母よ！ 殺すな 増補版』すずさわ書店，1981

第9講

社会的養護の制度と実施体系

　本講の目的は，社会的養護について学習する前提として，関連する法律の基礎知識，施設の小規模化と家庭養護の推進，専門職員の配置など，施策の特徴的な動向について学ぶことである。

　また施設を理解する上で欠かせない制度や機関，規程についても理解する。そのため以下について解説している。

① 社会的養護の関連施策として「児童福祉法」「児童虐待防止法」のあらましと改正の経緯について

② 社会的養護の専門職・実施者として「心理療法担当職員」「家庭支援専門相談員」「里親支援専門相談員」について

③ 社会的養護の仕組みとして「措置制度」や「児童相談所の機能と役割」「自立支援計画」などについて

　他の講での学びともよく関連させ，理解を深めてほしい。

Ⅰ 社会的養護の制度と法体系

〈社会的養護の関連施策 1〉児童福祉法

　これまで社会的養護の基本原則について学んできたが，社会的養護を具体的に実践するためには，それを保障する制度や施策を理解する必要がある。こうした社会的養護の制度と法体系の中核に位置するのが児童福祉法である。児童福祉法は1947年に制定された児童福祉に関する総合的根本的な法律で，すべての子どもの健全育成と福祉の積極的増進をその基本精神としている。では，児童福祉法のあらましと改正の経緯について理解しよう。

（1）児童福祉法のあらまし

　2016年の児童福祉法改正で，基本理念と児童育成の責任に関する規定が，国連の「児童の権利に関する条約」にのっとり大幅に改正された。

①児童福祉の理念と児童育成の責任

　児童福祉法第1条には，「全て児童は，児童の権利に関する条約の精神にのつとり，適切に養育されること，その生活を保障されること，愛され，保護されること，その心身の健やかな成長及び発達並びにその自立が図られることその他の福祉を等しく保障される権利を有する」とあり，子どもは権利の主体であり適切な養育を受け，健やかな成長発達や自立，その他の福祉を等しく保障される権利を有することを明確にしている。

　続く第2条では，子どもの意見尊重と最善の利益の優先，そして心身ともに健やかに生まれ育つための国民の努力義務が述べられた後，「児童の保護者は，児童を心身ともに健やかに育成することについて第一義的責任を負う」こと，そして「国及び地方公共団体は，児童の保護者とともに，児童を

心身ともに健やかに育成する責任を負う」ことが明記されている。

　さらに第3条では，「前2条に規定するところは児童の福祉を保障する原理であり，この原理は，すべて児童に関する法令の施行にあたつて，常に尊重されなければならない」と規定した上で，第3条の2では，国や地方公共団体は「児童が家庭において心身ともに健やかに養育されるよう，児童の保護者を支援しなければならない」こと，ただし児童を家庭において養育することが困難または適当でない場合は，「児童が家庭における養育環境と同様の養育環境において継続的に養育されるよう」，さらに児童を家庭及び当該養育環境において養育することが適当でない場合は，「児童ができる限り良好な家庭的環境において養育されるよう」必要な措置を講じなければならないと規定している。

　保護者の適切な養育を受けられない子どもを公的責任で社会的に保護養育するという社会的養護の基本原理が示されるとともに，社会的養護は「家庭と同様の環境で継続的に養育される」，ないしは「できる限り良好な家庭的環境で養育される」という**家庭養育優先の原則**が明示されている。

②要保護児童と発見者の通告義務

　社会的養護を必要とする子どもを，児童福祉法では「要保護児童」と呼び，「保護者のない児童又は保護者に監護させることが不適当であると認められる児童」（第6条の3第8項）と定義している。そして要保護児童を発見した者は，これを市町村や都道府県の福祉事務所もしくは児童相談所等に通告しなければならないと規定している（第25条）。

③社会的養護の仕組み（児童福祉施設，里親制度，児童相談所など）

　第3講で述べた，社会的養護の場となる児童福祉施設や里親，ファミリーホームについても，児童福祉法で規定している。また，さまざまな事情で子どもを育てられない場合には，市町村や児童相談所がその相談を受けることや，相談の中で社会的養護を必要とすると判断した場合児童相談所は家庭養育優先の原則に基づき，子どもの個々の状況に応じて適切な里親やファミリーホーム，施設等に委託措置を行うことも，児童福祉法で規定されている。

　次に，児童福祉法において社会的養護に関する事項がどのように変遷してきたのか見ていく。

(2) 1997年児童福祉法改正

　児童福祉法が制定されてから50年が過ぎ，現状にそぐわない部分も増えてきたため同法の大幅な改正が行われた。少子化や共働き家庭の増加，子育て機能の低下，児童虐待の増加や子どもを取り巻く環境の変化など，社会的変化に対応する改正が行われた。

①児童福祉施設の種類，名称等の見直し

　　子どもを単に保護するだけでなくその自立を支援しようと「**自立支援**」の考えが導入され，児童福祉施設の種類，名称，対象の区分等の見直しがされるとともに，「自立支援」の概念がその目的に盛り込まれた。

②児童自立生活援助事業の創設

　　児童養護施設等を退所し就職する者の社会的自立を促進する**児童自立生活援助事業（自立援助ホーム）**が新たに創設された。

③児童家庭支援センターの創設

　　児童家庭支援センターが創設され，地域に身近な相談窓口として児童養護施設等に付設されることとなった。

(3) 2004年児童福祉法改正

　同年に一部改正された児童虐待防止法とも関連し，児童福祉法も大きく改正された。社会的養護に関連する事項は次の通りである。加えて改正時の附帯決議で，子どもたちが良好な家庭的環境で生活できるようその充実のために予算，人員面での十分な配慮を行うことが付された。

①児童相談に関する体制の充実

　　まず児童相談に関する体制について，市町村が担う役割を法律上明確にするとともに，児童相談所の役割を要保護性の高い困難な事例への対応や，市町村に対する後方支援に重点化した。また地方公共団体に要保護児童の状況の把握や情報交換を行うための「**要保護児童対策地域協議会**」を設置できる

こととした。また中核市も児童相談所を設置できることとした。

②児童福祉施設，里親等の見直し

　子どもの権利を重視した「一貫性のあるケア」が確保できるよう年齢要件が見直され，安定した生活環境の確保等の理由により特に必要がある場合には，乳児院に幼児を，児童養護施設に乳児を入所させることが可能となった。

　次に児童養護施設等の児童福祉施設の目的として，退所児童に対する**アフターケア**を明確に位置づけた。また**児童自立生活援助事業（自立援助ホーム）**の目的として，対象者に対する就業支援を行うことを規定するとともに，退所者に対して相談や援助を行うことを規定した。

　里親に関しては，その定義を明文化するとともに，受託児童に対する監護，教育，および懲戒に関する里親の権限を施設長と同様に明確化した。

③要保護児童にかかわる措置に関する司法関与の見直し

　家庭裁判所の承認を得て行う児童福祉施設への入所措置について2年間を超えてはならないと有期限化した。なお，2年を超えても施設措置を継続する必要があるときは，再度家庭裁判所の承認を得て期間を更新できることも規定された。

(4) 2008年児童福祉法改正

　要保護児童に関する社会的養護体制の拡充を図ること等が，このときの改正の主な目的だった。

①里親制度の改正

　養子縁組を前提とした里親と**養育里親**が区別され，養育里親の要件として一定の研修をおさめる等の見直しが行われた。また都道府県業務として，里親に対する相談支援事業を行うことが明確化された。またこの里親支援事業は，一定の要件を満たすものに委託できることになった。

②ファミリーホーム（小規模住居型児童養育事業）の創設

　要保護児童の委託先として，養育者の住居でその児童を養育する事業が，**ファミリーホーム（小規模住居型児童養育事業）**として創設された。養育者の要件や人員配置，設備等の条件が定められた他，都道府県の監督等，必要な

規定も設けられた。

③要保護児童対策地域協議会の機能強化

2004年改正で法定化された「**要保護児童対策地域協議会（子どもを守る地域ネットワーク）**」の協議対象が，養育支援が特に必要である児童やその保護者や妊婦に拡大された。

④年長児の自立支援策の見直し

児童自立生活援助事業について，対象者の利用申し込みに応じて提供するとともに，義務教育終了後の児童の他20歳未満の支援を要する者を追加する等の見直しが行われた。

⑤施設内虐待（被措置児童等虐待）の防止

施設長や職員，一時保護所職員や小規模住居型児童養育事業を行う者や里親が行う虐待を「**被措置児童等虐待**」と位置づけ，それを発見した者に通告義務を課した。また子ども自身が届け出できることや，その通告先や届け出先として都道府県，都道府県児童福祉審議会，市町村等が定められた。

（5）2011年児童福祉法改正

同年に民法と児童福祉法の一部が改正されるとともに，障害児施設の再編が行われた。

①親権停止制度の創設

民法と児童福祉法の一部が改正され，父母による親権行使が困難または不適当なときに，子ども本人や児童相談所長の請求で，家庭裁判所が親権停止の審判を行うことができるようになった。停止期間は2年以内である。

この親権停止制度創設に関連して，施設長等の権限と親権の関係の明確化や里親委託中および一時保護中の児童相談所長の親権代行についても改正が行われた。

②障害児施設の再編

これまで障害種別等に分かれていたものを，障害児施設（入所・通所）に一元化した。また，放課後等デイサービス事業と保育所等訪問事業が創設された。

③その他 社会的養護に関するさまざまな省令などの改正

　同年に示された「社会的養護の課題と将来像」で，できることからスピード感をもって改革を進めていくことがうたわれ，児童福祉法に関連するさまざまな省令などが改正された。その中で，親族里親の要件の見直し，施設長の資格要件の厳格化や児童養護施設などの第三者評価が義務化された。加えて，「児童福祉施設最低基準」も「児童福祉施設の設備及び運営に関する基準」に改正された。

　この他社会的養護の質の向上を図るため，児童養護施設，乳児院，情緒障害児短期治療施設（現・児童心理治療施設），児童自立支援施設，母子生活支援施設について運営指針が，里親およびファミリーホームについては養育指針が策定・通知されている。

(6) 2016年児童福祉法改正

　基本理念と児童育成の責任に関する規定が，児童の権利に関する条約にのっとり大幅に改正された。

①児童福祉法の理念の明確化

　子どもは適切な養育を受け，健やかな成長発達や自立支援等を保障される権利を有すること等を明確にした。加えて国・地方公共団体は，保護者を支援するとともに，家庭での養育が適当でない子どもに対しては，家庭と同様の環境における養育を推進する責務があることも明らかにした。

②児童虐待発生時の迅速・的確な対応

　市町村における支援拠点の整備や要保護児童対策地域協議会の機能強化，児童相談所設置自治体の拡大（特別区を追加），児童相談所の体制強化（専門職の配置充実）と権限強化（相談所から市町村への事案送致新設）が図られた。

③被虐待児童への自立支援

　親子関係再構築支援の強化や，里親委託の推進（児童相談所の業務として里親支援，親子縁組に関する相談・支援を位置づけ）が図られた。また，18歳以上の者に対し支援を継続できるよう改正された（満20歳未満の者への措置等の対象拡大など）。

（7）2022年児童福祉法改正

　児童虐待の相談対応件数のさらなる増加など，困難を抱える子育て世帯の状況がこれまで以上に顕在化してきている状況を踏まえ，子育て世帯に対する包括的な支援を行うための体制強化等が行われた（改正法施行は2024年4月）。

①児童相談所による児童への支援や困難を抱える妊産婦等への支援の質の向上

　児童相談所の一時保護所の設備・運営基準を策定しその環境改善を図る他，児童相談所による児童への支援の強化として，**親子再統合支援事業**の創設，**里親支援センター**を新たに児童福祉施設として位置づけ，民間との協働による支援の強化を図った。また困難を抱える妊婦に対する包括的な支援事業（**妊産婦等生活援助事業**）が創設された。

②社会的養育経験者等に対する自立支援の強化

　児童自立生活援助事業（自立援助ホーム）の対象者の年齢要件等を弾力化するとともに，社会的養育経験者等を通所や訪問等により支援する拠点を設置する事業（社会的養護自立支援拠点事業）が創設された。

　また，障害児入所施設の入所児童等が地域生活等へ移行する際の調整の責任主体（都道府県・政令市）を明確化し，22歳までの入所継続を可能とした。

③児童の意見聴取等の仕組みの整備

　児童相談所等は入所措置や一時保護などの際に，子どもの意見聴取等を行う。また，都道府県が子どもの**意見表明**等を支援するための事業（**意見表明等支援事業**）を制度に位置づけ，その体制整備に努めることとした。

④一時保護開始時の判断に関する司法審査の導入

　児童相談所による一時保護開始の際，親権者等が同意した場合等を除き，事前または保護開始7日以内に裁判官に一時保護状を請求する等の手続きが設けられた。

⑤子ども家庭福祉の実務者の専門性の向上

　虐待を受けた子どもの保護等の専門的な対応を要する事項について，十分な知識・技術を有する者（**こども家庭ソーシャルワーカー**）が新たに児童福祉司の任用要件に追加された。

　なお2022年には**こども基本法**が成立し，2023年4月には内閣府に**こども家庭庁**が新設され，社会的養護に関する国の行政事務も厚生労働省子ども家庭局からこども家庭庁に移管された。

〈社会的養護の関連施策 2〉児童虐待防止法

　正式には「**児童虐待の防止等に関する法律**」といい，2000年に制定された。虐待の定義と通告，対応等について規定している。増加する虐待問題に対応するため，議員立法によって成立した。

(1) 法律の目的

　「児童虐待が児童の人権を著しく侵害し，その心身の成長及び人格の形成に重大な影響を与えるとともに，我が国における将来の世代の育成にも懸念を及ぼすことにかんがみ，児童に対する虐待の禁止，児童虐待の予防及び早期発見その他の児童虐待の防止に関する国及び地方公共団体の責務，児童虐待を受けた児童の保護及び自立の支援のための措置等を定めることにより，児童虐待の防止等に関する施策を促進し，もって児童の権利利益の擁護に資することを目的」（第1条）としている。

(2) 児童虐待の定義

　この法律の中で児童虐待の定義が初めて明記された（第2条）。①身体的虐待，②性的虐待，③ネグレクト（保護の怠慢，拒否），④心理的虐待の4種類に分類定義している。

(3) 通告とその措置，立ち入り調査など

　虐待の早期発見と，学校の教職員や児童福祉施設の職員，病院の医師，保健師，弁護士，警察官など虐待を発見しやすい人たちの通告義務を明記し，職務上の守秘義務より**通告義務**が優先すると規定している（第5，6条）。そして児童相談所は児童虐待の通告を受けた場合，速やかに児童の安全の確認を行うための措置を

講ずるとともに，必要に応じ一時保護を行うことを規定している（第8条）。また児童虐待が行われているおそれがある時は保護者への出頭要求や再出頭要求，立入調査等を実施することができることや，児童の安全を確保するための臨検・捜索等についても規定されている（第8条の2〜第9条の9）。加えて児童相談所長は，児童の安全確認や一時保護，立入調査や臨検等の際に必要がある時には，警察署長に対し援助要請等を行わなければならないことも規定している（第10条）。

　以上が主な点であるが，その他にも虐待を行った保護者は児童相談所の指導を受ける義務があることや，一時保護や施設措置中の児童に対する面会や通信の制限や，接近禁止命令等についても規定している。

（4）児童虐待防止法の改正

　増加する子ども虐待への対策を講じようと，児童虐待防止法も時代の要請に合わせて改正されてきた。改正年と主な改正点は表のとおりである。

表9-1　児童虐待防止法の主な改正点

年	主な改正点
2004	①児童虐待の定義の拡大：同居人による虐待を放置することをネグレクトと定義。児童がDVを目撃することを心理的虐待と定義。 ②通告義務の範囲の拡大：虐待を受けたと思われる場合も対象。 ③面会または通信の制限。
2007	①児童の安全確認義務：児童の安全確認のために必要な措置を講ずることが義務化された。 ②出頭要求・再出頭要求・立入調査等の強化：臨検・捜索の創設。 ③保護者に対する面会・通信等の制限の強化。 ④保護者に対する指導に従わない場合の措置の明確化。
2017	①接近禁止命令の範囲の拡大：一時保護や同意のもとでの施設入所の場合にも可能となる。
2019	①親権者等による体罰の禁止を法定化した。

〈社会的養護の関連施策 3〉
児童養護施設等の小規模化・地域分散化と家庭養護の推進

　児童養護施設の小規模化とは，施設の生活ケア単位を小さくして家庭的な養育環境に近づけることを指す。2000年に「**地域小規模児童養護施設（グループホーム）**」が，2004年には「**小規模グループケア**」が制度化され，小規模化・地域分散化の基礎がつくられた。2011年の「社会的養護の課題と将来像」では，本体施設を小規模化・高機能化し，施設機能を地域分散化するという将来の方向性を明確に示した。そして今後十数年で，「本体施設」「グループホーム」「里親等」を3分の1ずつにする目標が掲げられた。これを受け都道府県は推進計画を策定し2015年から取り組み始めたが，翌2016年児童福祉法が大幅に改正され，2017年には「新しい社会的養育ビジョン」が取りまとめられた。新ビジョンでは「家庭養育優先原則」に基づく乳幼児から段階を追った里親委託及び養子縁組推進のゴール設定に加え，施設の小規模化・地域分散化・高機能化もさらに強力に推進することが示され，都道府県も改めて計画を策定し直し2020年度から取り組みを加速させている。

　このような取り組みにより，2022年10月現在，児童養護施設のグループホームは321施設に581か所が設置され全施設の5割以上が実施しており，また小規模グループケアは512施設に1,904か所が設置され全施設の8割以上が実施している状況である。なお里親委託児童は2021年度末現在，要保護児童の約2割を占める状況で，ファミリーホームは446か所に1,718人が暮らしている。施設の小規模化はだいぶ進んだが地域分散化はまだ推進の余地があることがうかがえる。今後は家庭養護推進のさらなる体制づくりと委託推進に加え，施設の高機能化の推進と，ケアや支援を担う質の高い人材の確保が課題になると思われる。

Ⅱ　社会的養護の専門職・実施者

　施設養護の場には，直接子どもの支援にあたる施設保育士や児童指導員の他にも次のような専門職がいる。それぞれの役割をよく理解しチームで支援にあたってほしい。

1.　心理療法（指導）担当職員

　虐待を理由に児童養護施設に入所する子どもたちは心に傷をもっていることも多い。このように心的外傷のため心理療法を必要とする子どもに，遊戯療法やカウンセリング等の心理療法を実施することによって，子どもの安心感・安全感を再形成し人間関係の修復を図るのが施設で働く心理療法担当職員の役割である。

　心理療法担当職員は児童心理治療施設および対象者10人以上に心理療法を行う乳児院，母子生活支援施設，児童養護施設，児童自立支援施設に配置が義務づけられている。また福祉型障害児入所施設についても対象者5人以上に心理指導を行う場合，心理指導担当職員の配置が義務づけられている。

　心理療法担当職員は，保育士や指導員と密接な協力関係を築きつつ，生活場面での面接や，ケース会議への参加などを行う。心理療法担当職員は，施設に1人ということも多く，スーパービジョンが課題となっている。

2.　家庭支援専門相談員（ファミリーソーシャルワーカー）

　児童養護施設等に入所する子どもは，親の離婚，家庭不和，入院や親からの虐待を受ける等，家族関係に課題がある場合がほとんどである。また近年では，入所児童全体の半数を超える子どもに被虐待経験があり，施設入所前から退所後のアフターケアに至るまで，総合的な家族調整が必要となっている。この役割を担

い，児童相談所と密接に連携して家庭環境の調整を図り早期の家族再統合を目指すのが**家庭支援専門相談員**の役割である。家庭支援専門相談員の主な業務は，児童相談所との連絡調整や入所予定児童に対するオリエンテーション，保護者に対する施設生活の説明，家族再統合のための連絡調整，里親委託等家庭養護への調整，施設内での連携・協働，その他地域の子育て支援や退所児童に対する生活相談等である。

　家庭支援専門相談員は1999年に乳児院を対象に配置されたのが始まりで，2004年度には児童養護施設，情緒障害児短期治療施設（現・児童心理治療施設），児童自立支援施設に対象が拡充された。その後，2007年度には定員50名以上の乳児院に非常勤相談員が増配置され，2011年の児童福祉施設最低基準の一部改正により配置が義務化された。

3. 里親支援専門相談員（里親支援ソーシャルワーカー）

　里親支援専門相談員は，2012年度から乳児院，児童養護施設に配置された。主な業務は，児童養護施設および乳児院に地域の里親およびファミリーホームを支援する拠点としての機能を発揮させていくこと，児童相談所の里親担当職員，里親委託等推進員，里親会などと連携し，入所している子どもの里親委託を推進したり，里親に委託された子どものアフターケアとしての里親支援を行う。また所属施設からの退所児童以外を含めた地域支援としての里親支援も行う。それによって，里親委託の推進や里親支援の充実が図られることが期待されている。

社会的養護の仕組みと実施体系

〈社会的養護の仕組み 1〉措置制度

　皆さんは「**措置**」という言葉を聞いたことがあるだろうか。たとえば，「児童相談所は，一時保護中の児童を児童養護施設に措置する決定をした」などと使用する「措置」という言葉だが，措置とは，福祉サービスの利用に関していえば，行政がその権限において福祉サービスの利用決定を行うことをいう。この措置を行う権限をもつ行政機関を措置権者（措置機関）とよんでいる。乳児院や児童養護施設への措置機関は都道府県や指定都市，児童相談所設置市となるが，その権限はたいてい児童相談所などの専門行政機関の長に委任されており，それで冒頭のような使い方がされるのである。

　措置制度に対する批判としては，施設が選べない，措置費が保証されるために施設が経営努力をしなくても運営が可能である，措置費に対する行政の指導・監査が厳しく民間の独自性が発揮しにくいなどがあげられる。また，措置費によるケアを受けることで，入所児やその親が職員や国（役所）のお世話になっている，という負い目を感じることもある。そのような批判やデメリットへの対応として始められた契約制度は，2000年の介護保険法の施行を皮切りに社会福祉制度の中に取り入れられ，措置制度から契約制度へと制度転換が大きく進んだ。障害者福祉の領域では，2003年から措置制度から支援費支給方式に移行し**契約制度**が取り入れられ，加えて2005年の**障害者自立支援法**の成立により三障害（知的，身体，精神）の統合と契約制度がさらに進むとともに，児童福祉領域でも障害児の施設入所については障害者自立支援法が適用され，措置制度から契約制度へと移行した。

　契約制度は，利用者の選択の自由が謳われ，措置制度に比べ利用者のメリットが大きいことが強調され導入されてきたが，今までの経過を見ると利用者にとっては選択できるほど地域にサービス資源がないことや，選択のための情報も少な

いこと，施設側にとっては措置制度に比べ減収となり経営の効率化が強いられた結果，常勤職員のパート化，非常勤化*が進むこととなり，そういった合理化が利用者の生活の質の向上や適切なニーズの把握に必ずしもつながっておらず，課題は多い。障害者自立支援法に対しては，サービス利用料一割の応益負担を巡って違憲訴訟が各地で起こったため，政府は同法の廃止を約束し原告団と和解した。翌2010年には内閣府に障がい者制度改革推進会議を設け，新制度創設に向けて検討を進めたものの，同法の抜本的改正には至らないまま，2012年6月「**障害者の日常生活及び社会生活を総合的に支援するための法律（障害者総合支援法）**」が公布，2013年4月から施行されている。

　一方，児童福祉領域には措置制度が残っている。その理由のひとつは，より良い環境やサービスを子どものために選ぼうとするはずの家庭で，子どもの権利侵害である児童虐待が増加し続けていることにある。このような状況下，子どもの福祉を護るために，専門的な行政機関がより良い環境やサービスを子どものために選ぶ措置制度の意義は大きいのである。

　なお，措置費に関しては，「第14講Ⅱ〈施設運営の基礎知識1〉入所の仕組みと施設運営の費用」（p.204）を参照してほしい。

〈社会的養護の仕組み 2〉児童相談所の機能と役割
市町村との連携

　子どものことで悩んだり，養育に困ったりした場合の相談窓口として，地域には**児童相談所**がある。児童相談所は児童福祉法によって定められた相談措置機関で，都道府県と指定都市に設置が義務づけられている。また，児童相談所を設置する市として政令で定める市も設置することができる（児童相談所設置市）。2016年の児童福祉法改正で，特別区も児童相談所を設置することができることとなった。2023年4月現在，全国に232か所の児童相談所が設置されている。

---

* 施設においてパート職員は週2日〜3日という短い日数の労働をしている。非常勤職員は常勤と同じ時間働くのであるが，雇用条件が違い，給料が時給制で福利厚生も原則としてないことが多い。

　児童相談所の主な役割は，児童に関する相談のうち専門的な知識および技術を必要とするものに応ずることと，市町村間の連絡調整，情報の提供等必要な援助を行うことである。児童相談所の基本的な業務は次の通りである。

① 市町村援助：市町村による児童家庭相談への対応について市町村相互間の連絡調整，市町村に対する情報提供，その他必要な援助を行う。

② 相談：養育環境の調査や専門的診断を踏まえて子どもや家族に対する援助を行う。

③ 一時保護：必要に応じて子どもの一時保護を行う。

④ 措置：子どもや保護者に対して児童福祉司，児童委員による在宅指導を行う，また里親委託や児童福祉施設入所措置を行う。

　児童相談所の職員は所長，児童福祉司，児童心理司，医師（精神科医，小児科医），保健師，児童指導員，保育士等で構成されている。2016年の児童福祉法改正で，指導・教育担当の児童福祉司（**スーパーバイザー***）や弁護士の配置等が図られ体制が強化された。加えて2022年の児童福祉法改正で，児童福祉司の任用要件として，児童虐待を受けた子どもの保護などの専門的な対応を要する事項について十分な知識・技術を有する者（こども家庭ソーシャルワーカー）が追加された。

　一方で市町村は，住民に一番身近な窓口として，子どもや妊産婦の福祉に関し家庭その他からの相談に応じ必要な調査や指導を行っている。また，児童虐待防止地域ネットワーク「要保護児童対策地域協議会」を設置し，児童虐待の防止と支援に努めている。このネットワークには児童相談所も参加し情報の共有が図られている。加えて市町村は一時保護や児童福祉施設への入所，専門的な判定を必要とする場合には児童相談所に相談を送致している。市町村と児童相談所はこのように連携を図り児童相談の円滑な運営に努めているが，増加する児童虐待への対応のため今後いっそうの連携・協働が期待される。

---

* スーパービジョンを行う上司あるいは熟練した職員のことを指す。スーパーバイザーが経験の浅い職員（スーパーバイジー）に適切な助言指導を行うことで，管理的，教育的，支持的機能を果たすことをスーパービジョンという。

〈社会的養護の仕組み 3〉 自立支援計画

　児童養護施設等においては，虐待を受けるなど複雑な背景をもった子どもの入所が多いため，適切に実態を把握・評価し，それに基づく援助計画を立てる必要があることから**自立支援計画**を必ず作成している。

　これは子どもが入所してから退所に至るまで，一貫性をもって取り組むプログラムであるが，児童相談所から送られてくる関係書類や援助方針に基づきながら，児童相談所と連携して定期的に再評価しながら策定される。

　児童養護施設運営指針には策定にあたり，大きく以下の3点が示されている。

① 子どもの心身の状況や，生活状況等を正確に把握するため，手順を定めてアセスメントを行い，子どもの個々の課題を具体的に明示する。

② アセスメントに基づいて子ども一人一人の自立支援計画を策定するための体制を確立し，実際に機能させる。

③ 自立支援計画について，定期的に実施状況の振り返りや評価と計画の見直しを行う手順を施設として定め，実施する。

　自立支援計画を立てるときに大前提として重要なのは，子どもの心身の状態や家族の状況，今までの生活環境や周囲の社会資源などの実態把握・評価（アセスメント）*である。子どもの**アセスメント**に関する基本的な考え方や方法については「子ども・若者ケアプラン（自立支援計画）ガイドライン」**に示されている。

　アセスメントの目的は，固定的なレッテルを子どもや家族に貼ることではなく，より良い援助のための基礎作業である。子どもや家族の問題やその原因だけでなく，子どもや親が発揮できる能力，活用できる社会資源などを含めて，将来的な見通しを得られるように，幅広く情報を確認することが必要である。また，一見同じような問題を抱えた子どもに対して，職員が先入観をもち対応がステレオタイプ化してしまうことがないように注意する必要がある。施設入所に至る経過は

＊ アセスメントとは，支援の第一歩としての事前評価であり，支援終了後には事後評価（エバリュエーション）が行われる。

＊＊ 当ガイドラインは，児童自立支援計画研究会編「子ども自立支援計画ガイドライン」（2005）をベースに作成されている。

あまり詳細に記録されていないこともあるが，子どもの入所後の言動を理解するために，今まで置かれてきた生活の様子をできるだけ詳しく把握しておいたほうが良い。

　自立支援計画は，子どもや保護者に情報提供を十分行い，その意向と関係機関の意見を踏まえて作成される。計画を立てるプロセスは，職員側の実践を見直すことでもある。その際は子ども一人ひとりに合った適正で個別的な支援ポイントを探れるようにすることが大切である。もしも，親子で考えが違う場合が出てきたときには，双方の意見を調整していく必要がある。年度末の見直しや次年度の目標検討に際しても，子どもや保護者の意見が十分反映されていることが求められる。そのためには特に子どもの真意が聞けるように時間をかけることが望まれる。当然のことながら，子ども自身が理解でき，達成可能な目標にすることが大切である。あわせて「やさしい心を育てる」など抽象的な目標にならないように注意したい。

　また，自立支援計画は，職員が交替しても一定の方向性が引き継がれることを可能にするためのものであるから，ケアの連続性や適正さが確保されることが大切である。職員が替わったら，子どもの見方も目標も全く変わってしまったということがないように，自立支援計画を全職員で共有し養育や支援を統一していくことや，子どもをめぐる状況が変化したときには積極的に見直しを行うべきことなどが注意点となっている。

【参考文献】

相澤仁編集代表／川﨑二三彦編『シリーズやさしくわかる社会的養護6　児童相談所・関係機関や地域との連携・協働』明石書店，2013

児童自立支援計画研究会編『子ども・家族への支援計画を立てるために―子ども自立支援計画ガイドライン』日本児童福祉協会，2005

児童自立支援対策研究会編『子ども・家族の自立を支援するために―子ども自立支援ハンドブック』日本児童福祉協会，2005

柏女霊峰『子ども家庭福祉論 第7版』誠信書房，2022

川松亮ほか編著『日本の児童相談所―子ども家庭支援の現在・過去・未来』明石書店，2022★

北川清一編著『児童福祉施設と実践方法―養護原理とソーシャルワーク』中央法規出版，2005

こども家庭庁「社会的養育の推進に向けて」（令和 5 年10月），2023

厚生労働省「児童相談所運営指針」，1990（一部改正2023）

厚生労働省「社会的養護の課題と将来像」，2011

厚生労働省「児童養護施設運営指針」，2012

厚生労働省「児童養護施設運営ハンドブック」，2014

厚生労働省「社会的養護の現状について」，2017

厚生労働省「新しい社会的養育ビジョン」，2017

厚生労働省「子ども・若者ケアプラン（自立支援計画）ガイドライン」，2018

厚生労働省「令和元年度厚生労働省委託事業 児童養護施設の小規模かつ地域分散化に関する調査研究報告書」，2020

『社会福祉学習双書』編集委員会編『社会福祉学習双書 5　児童・家庭福祉 改訂第 2 版』全国社会福祉協議会，2023

吉澤英子・小舘静枝編『養護原理第 2 版』ミネルヴァ書房，2004

第 **10** 講

施設養護の対象・形態・専門職 I
─乳児院と児童養護施設─

　　本講の目的は，養育条件が整わない子どもたちの家庭状況
や施設入所のプロセスについて学び，施設生活が開始される
までのプロセスにおいても今まで学んできた「社会的養護の
基本原則」が重要となることを理解することと，施設の機能
を具体的にイメージすることである。そのために以下につい
て解説している。

①　乳児院と児童養護施設の役割と現状および最近の入所理
　　由について

②　養育条件が整わない家庭の子どもたちの家庭状況につい
　　て

③　施設入所の経過と入所後の暮らしや親子関係について

④　施設生活の開始までのプロセスにおける社会的養護の重
　　要性について

　　本講における事例を通じた学習から，これまで学んできた
「社会的養護の価値観」や「社会的養護の基本原則」の重要
性を再確認し，それぞれをしっかりと身につけ将来の保育実
践の指針としてもらいたい。

I　乳児院と児童養護施設

　各施設の概要を紹介するとともに，入所理由の傾向等についても説明しよう。

(1) 乳 児 院

　乳児院は，乳児（保健上，安定した生活環境の確保その他の理由により特に必要のある場合には，幼児を含む。）を入院させて，これを養育し，あわせて退院した者について相談その他の援助を行うことを目的とする施設である（児童福祉法第37条）。2021年10月 1 日現在全国に145の乳児院があり，定員は3,871人で，在所児童数は2,557人である*。

　0 歳から 2 歳までの乳幼児が対象であるが，2004年の児童福祉法改正で乳児院と児童養護施設の年齢要件が見直され，必要があれば乳児院に幼児を，また児童養護施設に乳児を入所させることができるようになった。職員としては施設長，医師または嘱託医，看護師，保育士，児童指導員，栄養士および調理員などが配置されている。看護師の数は，乳児および満 2 歳未満の幼児おおむね1.6人に対して 1 人以上，満 2 歳以上満 3 歳未満の幼児おおむね 2 人に 1 人以上，満 3 歳以上の幼児おおむね 4 人に 1 人以上（最低 7 人配置）と規定されているが，看護師は，保育士または児童指導員に替えることができる。その場合でも，乳幼児10人の乳児院には 2 人以上，乳幼児が10人を超える場合は10人増すごとに 1 人以上看護師を置かなければならない（児童福祉施設の設備及び運営に関する基準第21条）。また，加算配置されていた個別対応職員，**家庭支援専門相談員**（第 9 講参照），**心理療法担当職員**は2011年の児童福祉施設最低基準の見直しにより配置が義務化された。さらに2012年度からは，**里親支援専門相談員**（第 9 講参照）が配置されている。

＊ 厚生労働省「令和 3 年社会福祉施設等調査の概況」（以下「施設等調査」）より

（2）乳児院の入所理由

　「児童養護施設入所児童等調査（2018年2月1日現在）」（以下「入所児童等調査」）によると，乳児院入所児童の養護問題発生理由は主に「父又は母の精神疾患等」23.4％，「父又は母の放任・怠だ」16.7％となっている。乳児院では保護者の精神疾患等も大きな入所理由となっていることがわかる。一般的に虐待とされる「放任・怠だ」「虐待・酷使」「棄児」「養育拒否」を合わせると乳児院の場合は32.6％となっており，前回の2013年調査の27.1％から5.5％増加している。

（3）児童養護施設

　児童養護施設は，保護者のない児童（乳児を除く。ただし，安定した生活環境の確保その他の理由により特に必要のある場合には，乳児を含む），虐待されている児童その他環境上養護を要する児童を入所させて，これを養護し，あわせて退所した者に対する相談その他の自立のための援助を行うことを目的とする施設である（児童福祉法第41条）。2021年10月1日現在，全国に612の児童養護施設があり，定員は30,535人，在所児童数は24,143人である＊。

　原則として2歳から18歳未満の児童が入所しているが，2004年の児童福祉法改正で乳児院と児童養護施設の年齢要件が見直され，必要があれば児童養護施設に乳児を，また乳児院に幼児を入所させることができるようになった。加えて児童相談所が必要と判断すれば，措置延長も可能である。

　職員は，施設長，児童指導員，嘱託医，保育士，個別対応職員，家庭支援専門相談員，栄養士，調理員，里親支援専門相談員，心理療法担当職員などが配置されている。乳児が入所している施設には看護師が置かれている。職員配置基準については2012年に改正され，子どもたちを直接ケアする保育士や児童指導員の総数は，2歳に満たない幼児おおむね1.6人につき1人以上，満2歳以上満3歳に満たない幼児おおむね2人につき1人以上，満3歳以上の幼児おおむね4人につき1人以上，少年おおむね5.5人につき1人以上とされるとともに，児童45人以下

＊「施設等調査」より

を入所させる施設にあっては，更に 1 人以上を加えるものと規定された。この改正は1976年以来実に36年ぶりのものであり，2011年に実施された個別対応職員や家庭支援専門相談員，心理療法担当職員の配置の義務化に続く職員配置の改善である。現在児童養護施設に期待されている虐待された子どもたちの心身の回復への支援や，施設の小規模化や家庭的養護環境の推進のために，その後も予算措置によってさらに職員配置の改善が進められている。

（4）児童養護施設入所の理由

　「入所児童等調査」によると，養護問題発生理由の主なものとしては，「父又は母の虐待・酷使」22.5％，「父又は母の放任・怠だ」17.0％となっている。一般的に虐待とされる「放任・怠だ」「虐待・酷使」「棄児」「養育拒否」を合わせると45.2％となり，前回の2013年調査の37.9％に比べ7.3％増加している。

　児童養護施設の入所児童数は都市部を中心に極めて高い入所率を維持しており，新たに入所する子どもの約 7 割*が虐待を受けた経験のある子どもである。その一方で両親と死別している子どもは大変少なくいずれかの親がいる子どもが大多数である。

II 児童養護施設等入所児童の家庭状況

　養育条件が整わない家庭の子どもたちはどのような家庭状況の中で育ってきているのだろうか。またどのようなプロセスを経て社会的養護の場である乳児院や児童養護施設に入所してくるのだろうか。ここでは，昨今の入所児童にみられる事例を通して理解を深めよう。

---

* 厚生労働省「児童養護施設入所児童等調査結果（平成30年 2 月 1 日現在）」，2020

〈どんな育ち方をしたの？　1〉乳児院入所のＡ子ちゃん

　Ａ子ちゃんは，両親とともに市営住宅に住んでいた。生後5か月の頃，地域の民生・児童委員から，市の家庭児童相談室に相談があった。Ａ子ちゃんが両親から面倒を見てもらえず放ったらかしにされており，近隣住民が大変心配しているという内容で，児童虐待（ネグレクト）を疑う相談だった。そこで，家庭児童相談室の相談員が市の保健センターの保健師とともに家庭訪問したところ，家の中は大変不衛生で，母親のＢ子さんは痩せて顔色が悪く，大変に塞ぎ込んでおり，子どもの世話というよりも自分自身のことで精一杯の様子だった。Ａ子ちゃんは垢だらけで，か細い泣き声で表情に乏しいなど，発達もあまり思わしくない状況である。父親のＣ男さんは会社員でトラック運送業に従事しているが仕事が忙しく，3日に1日ぐらいしか帰って来ない。子育ては母親任せで，夫婦関係もあまり良くない様子である。相談員と保健師は，疲れきっている母親に，まずＢ子さん自身が病院で診てもらいしっかり休養することと，その間Ａ子ちゃんについては親族に預かってもらってはどうかと提案してみた。しかし近くに親族はおらず，子どもを預けることのできるような知人や友だちもいないとのことであった。

〈どんな育ち方をしたの？　2〉
児童養護施設入所のＤ子ちゃん

　Ｄ子ちゃんは6歳である。Ｄ子ちゃんの通う保育園から「保護者が園児の虐待をしているので一時保護してほしい」と児童相談所に通報があった。早速，児童相談所の児童福祉司が保育園を訪問し，担当保育士と園長から事情を聞いた。二人の話は次のとおりだった。

　Ｄ子ちゃんは約半年前に近隣の市から引っ越してきてこの保育園に通いだしたが，以前から家に帰りたがらないことが何度もあった。担当の保育士が母親のＥ子さんと面接をしたところ，Ｄ子ちゃんの「悪い性格」を直すために叩いたりしているが，それも「しつけ」のうちと考えている様子だった。その後母親のＥ子

さんに園長が面接し，叩かずに伝えることを工夫してみては，と諭した後は，一時期叩かなくなり落ち着いたかに見えた。しかし，最近になってＤ子ちゃんがまた落ち着かなくなり，帰り渋るようになったので気にしていた。今日担当保育士が，Ｄ子ちゃんの頭部にたんこぶがありそれがさらにつぶれて血がにじんでいることに気づいた。そこでＤ子ちゃんに尋ねてみたところ，パンを盗み食いしたと昨夜母親にすりこぎで何度も叩かれ，またベルトでも叩かれたりしたことがわかった。担当保育士が他にも叩かれていないか体を調べたところ，衣類で隠れる部分に古い傷や新しい傷がいくつもあり痛ましいので思い切って通報したとのことだった。園長は児童相談所での一時保護を希望した。

　児童相談所の児童福祉司はさっそくＤ子ちゃんに面会し様子を確認した。Ｄ子ちゃんは６歳にしては小柄で痩せており表情に乏しく，頭部や腕，腹部などの数箇所に，保育士が話していたようなたんこぶや，かなり強く叩かれたと思われる打撲の痕を確認した。事情を聴こうと話しかけてもＤ子ちゃんは口を開かず硬い表情のままだった。

Ⅲ 施設入所の経過と入所後の生活や親子関係

〈どのように施設入所したの？　1〉
乳児院入所のＡ子ちゃん

　Ａ子ちゃんはその後どのようなプロセスを経て乳児院に入所したのであろうか。これまで学んできた社会的養護の原理に照らしながら見てみよう。

　家庭児童相談員は，Ａ子ちゃんを乳児院で保護してもらう方法もあることを母親に伝えた。母親は迷いながらも関心を示したため，児童相談所のことについて両親に説明し，父親も交えてＡ子ちゃんの今後について話し合う機会を早急に設

けることにした。家庭訪問後，家庭児童相談員は児童課職員とも協議の上，児童相談所に連絡をとり今までの経過を児童相談所側に伝え，Ａ子ちゃんの保護が早急に必要であることを伝えた。

　翌日，児童相談所の児童福祉司，家庭児童相談員，保健センター保健師，父親，母親が話し合い，Ｚ乳児院にＡ子ちゃんを保護することになった。その後，間もなく母親も隣接市にある総合病院の精神神経科へ入院することになった。

　乳児院入所当初，Ａ子ちゃんは情緒的に大変不安定な様子が見られたが，保育士から丁寧なケアを受けて乳児院の生活に慣れると徐々に落ち着き，睡眠のリズムやミルクの飲み方も安定していった。

　母親は診察の結果，栄養不良と精神疾患と診断され，退院後も精神科通院を続けている。時間に関係なく乳児院に長電話をしてきたり，突然面会に来たりと精神的にムラが激しく不安定である。乳児院ではこのような母親への対応に悩みつつも，家庭支援専門相談員と心理療法担当職員が協力して，児童相談所や病院とも連携をとりながら，なるべく定期的な面会ができるようにと母親の様子を見守りながら働きかけている。

　一方，父親のＣ男さんはほとんど乳児院に顔を見せない。心配した家庭支援専門相談員が父親に連絡を取ると，Ｂ子さんへの対応に疲れきった様子だった。担当児童福祉司の話では，父親は現実から逃避するかのように仕事に没頭するかパチンコに夢中になるかで，家に帰らないことも増えてきているということであった。最近では父親から離婚をほのめかす言動も増えてきているそうである。このような父親のＣ男さんと母親Ｂ子さんの状況も踏まえた支援が必要である。

〈どのように施設入所したの？　2〉
児童養護施設入所のＤ子ちゃん

　Ｄ子ちゃんはその後どのようなプロセスを経て児童養護施設に入所したのであろうか。これまで学んできた社会的養護の原理に照らしながら見てみよう。

　保育園から児童相談所に戻った児童福祉司は，早速上司を交えて緊急の受理会議を開き検討した。その結果，D子ちゃんは身体的虐待が明らかであり早急に一時保護が必要と判断した。情報収集のため以前住んでいた近隣市の福祉事務所やその市を管轄する児童相談所に照会してみたところ，D子ちゃんは過去にも虐待で一時保護されたことがあることが判明した。

　そこで児童相談所は保育園と連携し，園長と担当保育士に付き添ってもらい，D子ちゃんを児童相談所の一時保護所に保護するとともに，D子ちゃん宅の家庭訪問を行い一時保護の旨を伝えた。母親は「何の権限で役所が自分の子どもを勝手に連れ去るのだ」と怒りをあらわにしたが，児童福祉司は子育ての大変さをねぎらいつつ，母親のしていることは明らかに子どもへの虐待であり現状では一時保護して少し距離をとる必要があること，「しつけ」*を行っていくには6歳のD子ちゃんにもっとふさわしい方法があること，それについて今後児童相談所でも一緒に考えていきたいということを伝えた。

　一時保護後は児童相談所に，母親と父親から怒りを交えて，子どもを帰せと何度も電話があった。一方D子ちゃんは一時保護後，一時保護所の担当保育士と児童指導員に付き添われすぐに病院を受診し，身体虐待の状況をチェックするとともにその治療を受けた。頭部の殴打の他にも腹部や背中にベルトで叩かれた傷や，古くなった火傷跡等が確認された。表情も硬く暗く，質問には言葉ではなく首を振って答えていた。

　D子ちゃんは，2週間を過ぎた頃から担当保育士とは少しずつ話せるようになったが，他の職員とはまだ口も利けない。心理判定では知的能力は正常と判定された。

　一方児童相談所は，D子ちゃんの一時保護後両親と数回面接を行ったが，主張は平行線だった。面接や調査から，両親はともに再婚でD子ちゃんは母親の連れ子であること，父親は塗装業に従事しているが収入は不安定で転職も多いことなどがわかった。

　両親とも虐待の自覚に乏しく，現状での両親の養育には不安があることから児童相談所は施設入所を決定し両親に伝えた。両親は，はじめはこの決定を受け入れない様子だったが，その後だんだんとお互いを責め合う場面が目立ち始め，最

終的には不満をもちつつもこの決定に従った。D子ちゃんは児童相談所の一時保護所で約1か月生活した後，児童養護施設Y学園に入所した。

　D子ちゃんは，施設入所後1か月間ほどを施設の担当保育士と一緒に施設内だけで過ごした。Y学園では入所した子どもに対して，施設と地域に早く慣れてもらうことと，生活環境が大きく変わることへの戸惑いやストレスを少しでも和らげることができるようにと，大概こうして施設の暮らしを中心に，ゆっくりと過ごす形で受け入れている。D子ちゃんもこの期間を利用して，幼稚園の入園準備をした。また，担当保育士と一緒に施設の生活で必要になる衣類や日常品，D子ちゃんの気に入った服や好きな持ち物を買いに行き，二人で相談しながら選び整えていった。そして施設や地域に慣れた頃を見計らって，D子ちゃんも幼稚園に通い始めた。

　担当保育士は，D子ちゃんがY学園に入所が内定したときに，一時保護所に会いに来てくれたので，D子ちゃんにとって心強い存在である。D子ちゃんは幼稚園に通いだす頃から，担当保育士に対しては，か細い声で話すようになってきた。しかしまだ他の職員や子どもたちと話すことはできない。体の傷はすっかりきれいになったが，夜尿，夜驚がある。表情は一時保護当時に比べるといくぶん柔らかくはなったものの，まだ硬いままである。両親の様子を尋ねることも今のところしない。担当保育士は今後心理療法担当職員にもD子ちゃんに会ってもらい，これらの症状を改善するにはどのような対応をしたら良いか相談してみるつもりである。

　D子ちゃんが入所して3か月ほど経つが，児童相談所からの連絡ではこの間に両親は別居し母親は自分の実家に帰ったという。入所時に付き添って来て以来，母親からは施設にまだ何の連絡もない。

＊　しつけとは，「子どもの人格や才能等を伸ばし，社会において自律した生活を送れるようにすること等の目的から，子どもをサポートして社会性を育む行為」である。
　厚生労働省「体罰等によらない子育てのために―みんなで育児を支える社会に」，2020, p.5

Ⅳ 施設入所に至るプロセスと社会的養護の原理

社会的養護の原理の実践 1
虐待事例にあてはめてみる

　乳児院と児童養護施設入所の事例を紹介したが，乳児院の事例は母親の精神疾患とネグレクトが，児童養護施設の場合は親による虐待が主な入所理由となっている。このように親からの虐待を受けて入所してきた子どもは心に大きな傷を負っており，「マイナスからの回復を支援する」視点が重要である。情緒面でも行動面でもさまざまな難しさを抱えており，施設におけるケアもますます治療的なかかわりが重視されるようになってきている。その基盤をつくるためにも児童養護施設では，「子どもの人権に配慮した暮らし」および「基本的欲求の充足」が第一要件となる。

　先の「入所児童等調査」で施設入所児の保護者の状況をみると，両親または一人親のいる子どもは，児童養護施設の場合全体の93.3％を，乳児院の場合97.9％を占めており，両親ともいないことはまれになっている。また家族との交流関係について「交流なし」の割合は，児童養護施設で19.9％，乳児院で21.5％となっており，家族との交流が続いている割合が高いことがうかがえる。「交流あり」の内訳を見ると，児童養護施設では一時帰宅の割合が高く，33.8％である。またその頻度は年2回〜11回が最も高くなっている。乳児院では面会の割合が多く，面会の形で家族と交流している子どもの割合は55.3％に上っている。またその頻度は毎月1回以上が57.4％と高い割合を示している。

　このことからもわかるように，現在では家族との交流が続く入所児童が多く，個々の家庭の様子をアセスメントしながら，家族再統合を目指す専門的な取り組みが求められている。「家族再統合を目標にする」ことの重要性がわかる。

　また，子どもたちが施設に入所するまでの家庭環境は，想像以上に劣悪で，小さい頃から繰り返される虐待は人の愛情の基礎となる「基本的信頼感」を阻害しゆがめてしまう。それに加えて虐待によるトラウマ（心的外傷）も抱えた子どもたちは，大きなマイナスを抱えている。事例で紹介したＡ子ちゃんは母親に精神疾患があったためにネグレクトされており，その特徴をよく示している。

　２つの事例ともに両親またはいずれかの親がいるがその養育環境は子どもにとって望ましいものではなく，親の抱える問題はますます困難になってきている。第１講でも述べたように，現代の家庭は子育ての潜在力が小さく，とりわけ子育てにあたっている母親に精神疾患があったりした場合，乳幼児の子育てはたちまち困難になり社会的養護が必要となる場合が多い。「子どもを家庭から離して保護したほうが良い場合もある」ということを，２つの事例はよく示している。

社会的養護の原理の実践 2
一時保護所でも生かそう

　児童相談所の**一時保護所**に保護されれば，子どもたちの環境は大きく変化する。親からの虐待からは遠ざけられるものの，家庭ではない集団生活の場に今度は慣れる必要がある。自分は今後どうなるのか，その不安を抱え，保護中に進められるソーシャルワークに子ども自身も加わり考え話し合う必要もあるだろう。

　また一時保護所のメンバーは絶えず替わっていく。不安な気持ちを抱え不安定な環境で過ごす子どもたちが少しでも安心して過ごせるように，保護所の保育士や児童指導員は子どもたちの生活と日々の気持ちの変化に心配りをしながら，子ども同士の関係に敏感に対応する必要がある。そして今後の生活の不安について一緒に話し合い，子どもの気持ちを支えていくことが求められる。担当児童福祉司ともよく連携をとりながら，子どもたちを見守り支援していくことが重要である。まさに「専門職の連携で子どもの真実を読み取る」ことの大切さがここにもあるといえる。

　一時保護後の支援方針が定まり，いざ施設入所が明らかになった場合には，子どもたちは，今度は新たに入所する施設に向けて気持ちを整理したり，準備した

りする必要がある。最も望ましいのは，方針を決めていくときから子ども本人も
そのプロセスに参加し，家族や児童福祉司ともよく話し合い十分納得してその方
針を受け入れられるようにすることである。その上で事例にもあるように，可能
な限り入所施設側との交流を事前にもつことが望ましい。

　家庭とは違う施設という全く見ず知らずの環境に一人で飛び込んでいかなけれ
ばならない子どもの不安がなるべく軽減されるように，そして家族とも離れて生
活しなければならない困難さとつらさ，寂しさ，悲しさをしっかり受けとめるこ
とを，施設養護のはじめの第一歩とすべきである。子どもの安全と安心を図るに
はまず子どもの目線に立ってその気持ちを推し量ることが大切である。

社会的養護の原理の実践 3
関係機関と連携して子どもと家庭を支援する

　最近では，発達に課題のある子どもの入所も増えている。障害児入所施設では
障害の重度・重複化の傾向が強くなっている分，軽度の知的障害やいわゆる境界
線（ボーダーライン）の子どもたち*の社会的養護の受け皿として，児童養護施設
がその役割を担わざるを得ない実情がある。

　現場からの報告では，これらの知的障害に加え，**ADHD**や**自閉スペクトラム症**
の子どもたちも増えている。児童養護施設はこのような発達障害の子どもの社会
的養護の場としても機能している。

　虐待により愛着形成が不十分で情緒的な問題を抱えた子どもに加え，**トラウマ**
を抱えた子ども，そしてさまざまな発達障害や心身障害を抱えた子どもの増加を
受けて，「子どもであることへの回復」ということの意味がますます強く求めら
れてきている。その分，児童養護施設における養護はいっそう困難さを増してお
り，施設条件整備の拡充とともに，職員の専門性についても更なるレベルアップ
が必要となっている。

　さらに，乳児院の事例や入所理由でも見たとおり，精神疾患のある保護者や虐

＊　生活上の困難さや適応のしづらさがあるが，明らかに障害があるとは認められない子どもたちの
　こと。

待をした親にどのように対処していったら良いか悩んでいる施設も多い。

　施設としては家庭支援専門相談員と心理療法担当職員が中心となり，児童相談所と連携を密にとり，必要に応じて精神科医とも提携して保護者の支援にあたっていく体制づくりがますます必要不可欠となっている。無論すべての事例において家族再統合が「子どもの最善の利益を守る」訳ではない。優先されるのは，子どもの安全の確保である。しかし，再統合は難しくても関係の改善を図ったり，施設を利用しながら親子関係の維持に努めたりすることが最善の場合もある。家族再統合を念頭におきながら親子関係の改善と維持を図っていきたいものである。

　家族再統合において家庭支援専門相談員や施設保育士に求められるのは，地域に働きかけ，家族を見守り，子育てを支援する人や機関とのネットワークを，それぞれの事例ごとにつくりあげていくことである。

　2004年と2007年の児童福祉法改正により市町村が設置に努めることとなった「**要保護児童対策地域協議会**」を有効に活用して，虐待防止の地域ネットワークを家族再統合の際にも大いに活用しその後の見守りを充実させることも必要である。このような取り組みを通して市町村，関係機関，児童相談所等との連携を強化していくことは今後の重要な課題である。関係機関と連携して子どもと家庭を支援することの重要性が事例からも理解できるだろう。

【参考文献】

加藤曜子・安部計彦『子どもを守る地域ネットワーク活動実践ハンドブック―要保護児童対策地域協議会の活動方法・運営 Q&A』中央法規出版，2008

厚生労働省「平成29年度子ども・子育て支援推進調査研究事業 社会的養護対象の0歳児〜18歳到達後で引き続き支援を受けようとする者に対する効果的な自立支援を提供するための調査研究（総合アセスメント及び自立支援計画・継続支援計画ガイドラインの作成）報告書」，2018

厚生労働省「子ども・若者ケアプラン（自立支援計画）ガイドライン」，2018

増沢高『事例で学ぶ 社会的養護児童のアセスメント―子どもの視点で考え，適切な支援を見出すために』明石書店，2011★

山野則子『子ども虐待を防ぐ市町村ネットワークとソーシャルワーク』明石書店，2009

全国乳児福祉協議会『改訂新版 乳児院養育指針』全国社会福祉協議会，2015★

第**11**講

施設養護の対象・形態・専門職Ⅱ
─障害児の入所施設─

　　本講の目的は障害のある子どもへの理解を深め，障害児入
所施設とその施設養護について学ぶことにある。
　① 知的障害児の施設養護について
　② 自閉症児の施設養護について
　③ 肢体不自由児の施設養護について
　④ 重症心身障害児の施設養護について
　　インクルーシブ保育や障害児保育が日常化している現在，
障害児についての理解と知識をこの講で深めてほしい。

Ⅰ　障害児の入所施設

1.　知的障害児の施設養護

（1）知的障害とは

　知的障害とは，ものを覚えたり計算したり自分の思いや考えを言葉で表現したりする能力が年齢相応に発達していない状態をいう。たとえばここに10歳の子どもがいるとしよう。その子どもがものを覚えたり計算したり，自分の思いや考えを言葉で表現したりする力が年齢相応に達していない場合，その子どもには知的障害があると考えられる。原因は，外傷，疾病による高熱，出産時の異常や事故，妊娠中の母体内外の諸要因，染色体異常などである。

　知的障害というとすべての発達が年齢相応ではないように思われがちであるが，人間の能力の他の部分，たとえば音楽性，表現力，協調性，忍耐力などは十分に備わっている場合もあることを理解していなければならない。

（2）主として知的障害児が入所する施設

　2018年の調査によれば，18歳未満の知的障害児22.5万人のうち1.1万人が施設に入所している[*]。

　現在の利用理由のうち，親側の理由は養護的な理由，すなわち親が病弱，一人親，高齢といったものがある。このような背景からも，施設が家庭機能を発揮することの重要性が浮き彫りになっている。

　一方，子ども側の理由としては多動やてんかん，その他の病気などをもっているために家庭でのケアや社会への適応が難しいという場合が多い。家庭機能の内

[*]　内閣府「令和5年版障害者白書」

容や入所児童への特別な配慮に，より高い専門性が求められている。

2. 自閉症児の施設養護

(1) 自閉スペクトラム症とは

2講Ⅱ（p.29）でも解説したが，社会的コミュニケーションや他者との相互的なやりとりがうまくいかない状態が持続する。①社会的コミュニケーション，②限局された反復的な行動・興味・活動の2領域の障害によって診断される。

自閉スペクトラム症の症状は非常に幅が広い。周囲の人とうまく交流がもてずに孤立することがある。また，あまり目立たなくてもストレスを抱え込んでいたり，日常会話で相手に不自然さを感じさせる場合もある。その他にも，表情の単調さや，想像力を使った遊びの難しさ，動作の反復などがみられることもある。

自閉スペクトラム症は，知的障害や注意欠如多動症，学習障害，てんかんなどを合併することが多い。診断される子どもは増加しており*，社会的養護の場でもこのような発達障害のある子どもたちは確実に増えている。

(2) 主として自閉症児が入所する施設

自閉症児は，家庭での養育が難しい場合は，障害児入所施設（福祉型・医療型）で，日常生活の介護や能力の維持・向上のための訓練の他，社会参加活動やコミュニケーションのための支援を受ける。一人ひとりの多様な障害に合わせて，看護職，福祉職（児童指導員・保育士など）が連携し，情報やケアの方法を共有して個別的な配慮をすることが重要である。

---

* 藤原武男・高松育子「自閉症の環境要因」『保健医療科学』59（4），2010，pp.330-337
　厚生労働省 e -ヘルスネット「自閉症について」
　https://www.e-healthnet.mhlw.go.jp/information/heart/k-03-005.html
　自閉症は500人に1人，軽度を含めると100人に1人といわれる。男性は女性の4倍の発症率。

3. 肢体不自由児の施設養護

（1）肢体不自由とは

　「肢体不自由」とは「生まれつき又は出産時の障害，あるいは幼い時の病気や事故などによって，手や足，背骨などの運動機能に不自由がある」*ことを指す。四肢や体幹の形態上の理由による障害と，中枢神経系や筋肉機能が原因となっている障害とがある。

　施設に入所する子どもたちの半数が脳性まひであり，その他進行性筋ジストロフィー，二分脊椎，ペルテス病などもある。中枢神経系の疾患が原因の場合，知的障害などの合併症が多い。

（2）主として肢体不自由児が入所する施設

　この施設の特徴は，肢体に障害のある子どもへの治療訓練を目的とするため児童指導員，保育士，児童発達支援管理責任者といった生活上の支援職員の他に医師，看護師，理学療法士又は作業療法士を置かなければならないことである。施設の設備基準においても，医療法に規定する病院として必要な設備を設けなければならない（児童福祉施設の設備及び運営に関する基準第57条）。したがってそこで働く児童指導員，保育士にも肢体不自由に対する医療と療育に関する知識が要求される。たとえば喉に食べ物を詰まらせないように注意しながら食事を介助するとか，抱きかかえるときに変形した骨格に無理な力が加わらないように気を配るといったことである。

　上記の医療型の入所施設が肢体不自由の治療訓練を目的としているのに対して，主として肢体不自由のある児童を入所させる福祉型障害児施設は，親の離婚や入院などの家庭の理由で施設入所の必要な子どもの施設である。したがって，入所期間が長期化する傾向にある。

＊　日本肢体不自由児協会ウェブサイト　https://www.nishikyo.or.jp/

4. 重症心身障害児の施設養護

（1）重症心身障害とは

　重症心身障害とは，重度の知的障害と重度の肢体不自由を併せもった状態である。重症心身障害児は，身体的には寝たきりに近い状態で，知的障害が重く，言語もほとんど発することのできない子どもが多い。

（2）主として重症心身障害児が入所する施設

　重症心身障害児であっても，日々の訓練によって能力の維持や向上は可能である。症状の顕著な回復は見られない場合も多いが，子どもが発達する力を信頼し，引き出していく視点が，医療職，福祉職とも求められているといえよう。

　重症心身障害児が入所する施設は，医療法に基づく病院であるが，子どもたちにとっては生活の場でもある。保育士が専門性を十分に発揮し，環境整備やさまざまなはたらきかけをすることによって，子どもたちの生活の質を豊かにすることができる。

Ⅱ 障害児入所施設の児童の家庭状況

〈どんな育ち方をしたの？ 1〉
福祉型障害児入所施設に入所したＵ子さん

　知的障害があるＵ子さん（小学6年生）は地域の小学校の特別支援学級に通っており，両親と祖母，2人の弟と一緒に暮らしている。4年生まで地域の学童クラブ（放課後児童健全育成事業）に通っていたが，5年生からはヘルパーやボラ

ンティアの支援を受けながら，放課後をずっと自宅で過ごしている。この地域では学童クラブの受け入れ枠に余裕がなく，5年生以上の子どもは利用できない。家庭ではU子さんはテレビを見たりおやつを食べたりして過ごす時間が多い。そのためか，運動不足で体もずいぶん太ってきて，なおさら外に出るのを面倒がるようになっている。この地域には知的障害がある中学生が放課後過ごす場がないので，中学生になるとなおさら放課後の過ごし方が心配である。

　両親は，将来はできるだけ社会との接点をもって地域の中で暮らしていってほしいと思っている。その一方で，家庭ではU子さんが生活習慣を身につけるための働きかけが全くといっていいほどできていない。母親の手は幼稚園に通う2人の弟にとられており，仕事が忙しい父親からの協力は一切ない。そのために学校での指導が家庭で継続できないだけではなく，逆にU子さんを甘やかしてせっかくついた生活習慣を家庭でこわしている状態であった。つまり，自宅にいることでU子さんの社会との接点が少なくなり，生活習慣が乱れるという現実があった。その上最近，同居している祖母が倒れ，介護が必要になった。悩んだ両親は，中学入学を前に今後のU子さんの進路について学校や児童相談所のワーカーと相談した。その結果，U子さんが将来地域で自立して生活するためには，今は施設に入所したほうが良いということになり，施設入所することになった。

〈どんな育ち方をしたの？　2〉
医療型障害児入所施設に入所したHちゃん

　肢体不自由児のHちゃんは小学2年生である。現在地域の小学校に通っている。家に友だちが来ることも多く，学校では興味をもって勉強しており，子ども会にも参加している。学校では，体育と行事を除いて困ることはなく学校生活を楽しく過ごしている。しかし一方では，骨の変形が徐々に進んでいる。現在は杖歩行であるが，このままでは杖歩行も困難になり，車椅子を使うようになる可能性が高いと医師から言われた。これをくい止めるためには早急に治療する必要性があった。そこで，いつもHちゃんがリハビリに通っている病院のワーカーを交え，Hちゃんと両親が話し合った。学校生活という子どもの成長にとって重要な環

境と，Ｈちゃんの将来における生活の質という両方について考えた結果，公立の子ども病院に併設されている医療型障害児入所施設に入所して手術と機能訓練（リハビリテーション）を受けることになった。Ｈちゃんは，小さいながらも自分のことを真剣に考えた。そして，「施設に入ってがんばって，帰ったらまた歩ける暮らしをしたい」と本人も希望して入所が決まった。両親は短期間でも子どもと離れて暮らすことは心配だが，この経験が，Ｈちゃんが人生を自己決定しながら生きていく第一歩になることを信じようと思った。

〈どんな育ち方をしたの？　3〉
重症心身障害児のＴくん

　重症心身障害児のＴくんは4歳である。Ｔくんは4歳といってもまだ首の座りが十分ではなく，座位ももちろんとれない。寝返りも難しいが，3歳になってからは，動くものを目で追い母親をじっと見てかすかに笑うようになった。母親は専業主婦として全面的にＴくんの世話をしている。その母親を近隣や祖父母，また主治医や保健師などが支えている。Ｔくんを育てることは母親の生きる目的になりつつあり，母親はどんな事があっても自分で育てるつもりでいた。ところが今年になってから，Ｔくんは2～3日に1回てんかん発作をおこし，そのたびに発作の程度はひどくなっている。いつ発作が始まるか，と思うと母親は1日中気が休まる暇がない。やがて，発作がなかなかおさまらないことが多くなり，救急車を呼ぶことも珍しくなくなった。救急車は電話して2～3分で来られるというわけではないし，かかりつけの大学病院に着くまでは交通渋滞もあり，はらはらすることの繰り返しである。搬送に時間がかかりすぎれば，Ｔくんの障害がさらに重くなったり，生命にかかわったりすることも考えられる。母親はノイローゼ気味になり，このような状態では家庭で対応することに限界があることは明白であった。そのようなとき，主治医から「Ｔくんをしばらく施設に入所させたほうが良いのではないか」という両親へのアドバイスがあった。実は，主治医はＴくんと母親の共依存*について心配していたのである。両親は，医師やソーシャルワーカーと相談したり，互いに話し合ったりした末に，Ｔくんと母親のためにＴくんの症状が落ち着くまで，施設に入所させることを決意した。

障害児入所施設における養護

1. 主として知的障害児が入所する施設の支援内容

　前述した12歳のU子さんは，施設入所してからはどのように暮らしているので
あろうか。養護の場面を見てみよう。

　U子さんは，食事を手づかみで食べている。U子さんを観察していた保育士は
彼女が好きな食べ物をしっかりと見て食べていること，手づかみではあるがしっ
かりとつかんでいることから，スプーンで食べることができるのではないかと考
えてケース会議＊＊に提案した。その結果，次のような支援計画が立てられた。

① スプーンの上に食べ物をのせる。

② スプーンをU子さんに握らせ，職員もその上から手を握って口に運ぶ。

③ 障害者用の曲がったスプーンや食べ物がこぼれないよう工夫されたお皿を用
　いる。

④ 職員はU子さんの手を握る力を次第に弱めていく。

⑤ U子さんが一人で食べられるようになったら，一時帰宅の際もスプーンと皿
　を持たせて食事条件を継続させる。

　会議で決定した支援計画に従って支援が行われた結果，U子さんは食事支援が
始まって3か月後にはスプーンで食べられるようになった。

　このような施設で働こうとする者は，まず知的障害児を正しく理解しなければ
ならない。児童相談所の「児童票」が利用施設に対して必ず送付されているので，

＊ 共依存とはある人のケアをしている人が，自分の存在価値をその人のケアをすることに求めてお
　り，その結果お互いに自立できない状態になること。詳しくは「第14講Ⅵ3．共依存に注意しよ
　う」（p.238）を参照のこと。

＊＊ 個別の課題について職員が話し合い，子どもの最善の利益のために支援方法を検討する会議で
　ある。社会的養護の原理や理念，その他の研究による裏付けがあるケアをするために，経験や知
　識を出し合って一定の方針を出す。

保育士等の職員はこれをしっかりと読んで，その子どもの全体像をつかむことが必要である。そこには次のような項目がある。

- ・入所理由（施設に入所しなければならない理由）
- ・家族状況（家族構成，職業・学校，健康状態など）
- ・本人の生育歴（出生時の状況，生育状況，生育上の出来事など）
- ・本人の身体状況（基礎的身体情報，疾病，投薬状況）
- ・本人の心理判定記録（知能指数，性格検査記録，行動観察記録など）
- ・本人および家族に対する支援目標（施設退所へのプロセス）

　以上のような情報に基づいて，適切な支援をするためには障害児の能力，性格，興味などを的確につかむことが重要である。支援にあたってはケース会議を行い，施設独自の支援計画を立案する。

　その上で子どものもつ可能性を最大限に引き出すようなかかわりをすることが求められる。各プロセスにおける留意事項は以下である。

① 観察　　観察を通じて子どもの能力，性格，興味などを把握する。
② 計画　　実行可能な支援方針を職員の中で共有する。
③ 実行　　個々の可能性を引き出すかかわりを継続的に行う。
④ 検証　　支援の効果を適宜評価し，必要に応じて計画を修正する。

　知的障害のある子どもに対する支援の姿勢として，食事介助の場面を例にとって説明したい。この場合，単に食事の介助をするということにとどまらず，本人のわずかな行動特性や意思表現を読み取ろうとする介助者の努力によって，その子どもの能力や特徴，興味を知り，どのようなかかわりをもって介助していけば良いかという介助方法の手がかりを見つけ出すことができるであろう。そのことを同一の職場グループで共有し，同じ姿勢と同じ方法で介助を重ねることにより，徐々に目標が達成されていくのである。

　また，就学児はさまざまな形で学校教育を受けている。通学による教育では特別支援学校や地域の学校に通う。施設内での教育では地域の学校から分校や分級に教員が派遣されていて教育を受けるので，施設職員はこのような学校教員と緊密な連携をとりながら生活を支援していく姿勢が求められている。社会と連携して子どもの成長を支えるということの一側面である。

2.　主として肢体不自由児が入所する施設の支援内容

　前述の事例の小学 2 年生の H ちゃんは施設入所後，どのように過ごしているのであろうか。生活の一場面を見てみよう。

　H ちゃんは自宅にいるときは母親に頼ることが多く，施設に入所する前は歯磨きをいやがるため，母親が介助して歯磨きをしていた。施設に入所してからは保育士が根気良く自分で歯磨きができるように介助した。また H ちゃんもまわりの友だちの姿を見て，意欲をもつようになり自分で歯磨きができるようになった。この歯磨きだけでなく，H ちゃんは手術の前後を施設で過ごすうちに，面会に来た両親も驚くほど生活面での自立が進んだ。さらに，保育士が介助をする姿を見て，両親は H ちゃんを介助するコツがわかったようである。また両親は，家族が介助する必要があることと，H ちゃんが自分でやるように励ましながら根気強く見守る必要があることとの区別がつくようになった。H ちゃんは施設の生活を経験して，家に帰ってからも何事も自分で試してみようという気持ちになっている。

　施設における養護には介護という面と訓練という面がある。介護が必要なのは，障害があるために，障害児が自分でしたいと思ってもできない部分で，この場合は職員が介助していく必要がある。これに対して訓練は障害児のもつ能力を見つけ引き出し，自立を促すことである。この場合職員には最も効果のあるかかわり方をすることが求められる。留意しなければならない点は，機能的な可能性と精神的な可能性を見極めることである。歩行困難な障害児がいくら歩こうと努力しても機能的な障害があれば歩行はできない。一方，機能的には歩行可能であっても努力しようという意欲がなければ歩行は実現しない。職員は何が訓練を妨げているかを的確に把握し，地域での自立した生活につながるような訓練を継続的に行う必要がある。その場合も訓練内容が適切であるかどうかを常に検証して，変更すべきであればいつでも変更するという柔軟性や即応性が求められる。

3. 主として重症心身障害児が入所する施設の支援内容

先に事例としてあげたＴくんの施設入所後の生活を紹介したい。

> 　Ｔくんは施設に入ってから，医師によるてんかん発作の薬によるコントロールと看護師の手厚い看護を受け，発作がほとんど見られないほどに回復した。そしてＴくんは，体調が落ち着くと作業療法士によるリハビリテーションも徐々に受けるようになった。
>
> 　母親はほぼ毎日重心施設を訪ねてきて，Ｔくんの体調を心配顔で看護師に質問していたが，Ｔくんの体調の安定に安心したようであった。やがてＴくんは体調の良い日には保育士の行うレクリエーションにも参加し，音楽を聴いたり，簡単なゲームを目で追ったりして，笑顔を見せるようになった。母親は，次第に表情が豊かになっていくＴくんの様子を見て，自分によるケアが一番というわけではないことを理解し，保育士への信頼感を増していった。
>
> 　母親は，だんだん集団の中にとけ込んでいくＴくんの姿を面会に来るたびに確認できた。その結果，それまで，施設に子どもを預けるのは親として不甲斐ないと思っていた考えが変わり，これからはＴくんを施設等の専門職の協力を受け，施設サービスを利用しながら育てていこうと思えるようになっていった。

　施設の中では，食事，排泄，入浴などの日々の生活介助は単調になりやすい。保育士の役割は，そのような生活に，変化や喜びを与えていくことである。そのことの一端がＴくんの事例からみえてくる。また，家族への対応が大切な仕事であることも事例からわかるであろう。

　このような養護をするためには，施設に働く他職種の職員，すなわち医師，看護師，心理指導を担当する職員，そして理学療法士や作業療法士などと保育士が緊密な連携をとることが求められる。そして福祉職である保育士は社会的養護の原理を頭におき，どんなに障害が重くても子ども本人の立場に立ち，子どもの最善の利益を守りながら介護にあたることが重要になる。

【参考文献】

エバ・バーマイスター／内山元夫訳『児童養護プロフェショナル』健育会（学苑社），1988

久山療育園編『ひびきあういのち―重症児者神学への道』新教出版社，2003

野辺明子他編『障害をもつ子を産むということ―19人の体験』中央法規出版，1999★

『10万人のためのグループホームを！』実行委員会編『もう施設には帰らない』中央法規出版，2003★

西尾祐吾編著『保健・福祉におけるケース・カンファレンスの実践』中央法規出版，1998

志村健一・岩田直子編著『障害のある人の支援と社会福祉』ミネルヴァ書房，2008

アルバート・E．トリーシュマンほか／西澤哲訳『生活の中の治療―子どもと暮らすチャイルド・ケアワーカーのために』中央法規出版，1992

内山登紀夫・水野薫・吉田友子編『高機能自閉症・アスペルガー症候群入門』中央法規出版，2002

吉澤英子・小舘静枝編『養護原理』ミネルヴァ書房，2006

第12講

施設養護の対象・形態・専門職Ⅲ
―児童自立支援施設と児童心理治療施設―

　　本講の目的は社会に適応しづらい子どもたちへの理解とその養護について学ぶものである。すなわち，不登校やひきこもりなどの非社会的な子どもと，非行や学校で「問題行動」を起こすような反社会的な子どもを理解し，そのような子どものための施設について以下のことを学ぶことにある。
　①　児童自立支援施設の対象児童
　②　児童心理治療施設の対象児童
　③　児童自立支援施設の実態と役割
　④　児童心理治療施設の実態と役割
　　また，この講では最近問題化している児童虐待についての施設における対応も学ぶ。保育所や幼稚園においても虐待を受けている子どもたちを発見し，その親や子どもへの的確な対応が求められていることから，本講を通してその的確な対応方法について学ぶ。

Ⅰ 社会に適応しづらい子どもの入所施設

1. 児童自立支援施設

(1) 対象児童

　児童自立支援施設は，かつて教護院とよばれていたが，1998年の児童福祉法の改正によってこのようによばれるようになった。これは単なる施設の名称変更でなく，その対象児童や支援方法の変化を明示したものである。それは従来の「不良行為をなし，又はなすおそれのある児童」に加え「家庭環境その他の環境上の理由により生活指導等を要する児童」も対象となった（児童福祉法第44条）ことにも現れている。「家庭環境その他の環境上の理由により生活指導等を要する児童」とは，たとえば不登校やひきこもりの子どもなどを想定しているものである。

(2) 児童自立支援施設

　児童自立支援施設の数は2021年10月1日現在全国に58施設あり，定員は3,468人で，在所児童数は1,123人である*。

　「不良行為をなし，又はなすおそれのある児童」と「家庭環境などの理由によって生活指導を必要とする児童」とは，一見，抱えている困難の性質が全く異なるようであるが両者とも家庭環境や社会環境に起因した課題をもつ子どもである。また子ども自身の精神面，行動面の支えを必要とする点も共通している。このようなことから両者を対象としていると考えられる。しかし，実際には「家庭環境その他の環境上の理由」で生活支援を必要とする子どもの入所はそれほど多

＊「施設等調査」より

くない。

　現在，多くの施設は**小舎制**であり，大舎制施設は少ない。

　小舎制の職員体制には次のような２種類の形態がある。

① 夫婦住込制　　夫婦を基本に１〜２名の補助職員を加えての体制。

② 職員交替制　　実態として，ほとんどは男女の職員の組み合わせであり，１
　　〜２名の補助職員と交替で勤務している体制。

　かつては夫婦住込制で自分の子どもを施設内で育てながら職務にあたっていた施設が多かった。しかし，そのような施設は次第に少なくなり，職員交替制に移行している現状にある。それは夫婦住込制の場合，労働条件として厳しい上に，職員の私生活と専門的な職務の切り替えがしにくいなどの理由がある。

2.　児童心理治療施設

(1) 対象児童

　心理的困難や苦しみを抱え，日常生活の多岐にわたって生き辛さを感じて心理治療を必要とする子どもたちを，入所あるいは通所させて治療を行う施設が児童心理治療施設である。

(2) 児童心理治療施設

　児童福祉法では，環境上の理由で社会生活への適応が困難な子どもを，短期間入所させるか通所させて，治療および生活指導などを行う施設と規定している。

　児童心理治療施設は2021年10月１日現在では全国に51施設あり，定員は2,129人で，在所児童数は1,447人である*。

　児童心理治療施設は短期入所の施設としてスタートしたが，現在は次第に入所期間が長くなる傾向にある。

＊「施設等調査」より

Ⅱ 児童自立支援施設等入所児童の家庭状況

〈どんな育ち方をしたの？ 1〉
児童自立支援施設入所の M くん

　　M くんは総合商社に勤める父とファッションデザイナーの母との家庭に生まれた。父は自分の卒業したような有名大学に M くんを入れたいと思い，厳しく勉強させてきた。M くんもこれに応えてがんばってきたが，中学 1 年になって自分の能力に限界を感じ，父の期待に応えられなくなってしまった。勉強や親との関係に疲れた M くんは，クラスの中で自分勝手に行動しているグループを楽しそうだと感じて惹かれていき，ついにその仲間に入った。成績はあっという間に中以下に落ちてしまい，希望していた高校には入れないことになった。その結果，父との関係がうまくいかないばかりか，今の自分が自分で納得できず，学校にもなじめなくなっていった。

　　やがて M くんは，不登校，夜間外出，窃盗を繰り返すようになり，ついには小さな暴力事件を起こして児童相談所から児童自立支援施設に入所となった。

〈どんな育ち方をしたの？ 2〉
児童心理治療施設入所の K 子さん

　　K 子さんは，学校に友だちがいない。自信がないのか，人前での発表は一切できず，いつも人の顔色をうかがっている。時には激しくまばたきをする様子が見られたり，学校に来ると全く口を利かなくなったりするという症状（場面緘黙*）が現れた。担任教師は，K 子さんには特別なケアが必要ではないかと考えるようになっ

＊ ある場所で，言葉によるコミュニケーションをとらないこと。意思や会話能力の問題ではなく，心理的な要因から発生する。

た。やがて，K子さんは小学5年生の学習発表会の欠席をきっかけに学校を休みはじめた。その後，不登校が続いたので担任教師が家庭訪問をしたところ，母親とともに父親が対応した。父親は担任教師やK子さんの前で「K子はだめなやつで，先生に心配してもらう価値がない人間だ」「母親の育て方が悪いから，こんな子どもになった」「上の2人はしっかりした子だ。3人目の子どもなんかつくるんじゃなかった」「こんな子どもは家の恥だ。いないほうがいい」というような言葉を繰り返した。同席した母親は，父親の横でうなだれているだけだった。家庭におけるこの状態は心理的虐待といえるものである。家庭訪問でわかったことであるが，K子さんは過食と拒食が交互に現れる，という兆候もあるようだった。今後K子さんが自信をもって生きていくためには，教育的，心理的，福祉的なきめ細かい配慮が必要であると担任教師は考えた。

　児童相談所の児童福祉司などの関係者で協議した結果，一旦K子さんを家庭から離すことを考えたらどうだろうか，ということになった。そこで，担任教師が児童福祉司とともにK子さんの児童心理治療施設への入所をすすめた。父親は苦い顔で同意したが，母親は泣いてばかりいた。担任教師がK子さんの表情を見ると，少しほっとしたような顔をしているように見えた。そこで担任教師から「K子さん，施設に見学に行ってみる？」と聞くと，K子さんは小さくうなずいた。数日後，K子さんは担任教師，児童福祉司と一緒に施設を見学に行った。K子さんはそこが大変に気に入り，帰り際に担任教師の服の袖口をそっと引っ張って「ここで暮らしたい」と小さな声で言った。その後，K子さんの家族も児童心理治療施設への入所に同意し，児童相談所が入所を正式に決定した。

Ⅲ 社会に適応しづらい子どもの入所施設における養護

1. 児童自立支援施設

（1）児童自立支援施設における家庭機能を生かした養護

　前述した，総合商社に勤める父とファッションデザイナーの母をもつＭくんは家庭の重圧に耐えかねて遊び仲間とともに事件を起こし，児童自立支援施設に入所した。施設職員はＭくんが自分を大切にして生きていくためには父子関係の改善が不可欠と考え，２人を接触させようとしたが，特に父親とはお互いに相手を敬遠して関係は改善されなかった。入所半年後に施設の運動会があり，親子競走でＭくんと父親が手をつないで走ることができた。これをきっかけに職員も両者の相互理解のために積極的にかかわった。その結果，Ｍくんと父親は相手を理解しようという思いが次第に強くなって，関係は改善されていった。

　この事例は親子関係を改善したいと願う施設職員の小さな試みがきっかけとなって親子関係が回復に向かった事例である。このように，児童自立支援施設に入所している子どもの多くは保護者との関係に課題を抱えている。ひとつは保護者が過干渉的なため家庭から飛び出して問題を起こす場合。他のひとつは保護者が放任的なために自由気ままな生活の中で問題を起こす場合である。施設職員はそのような保護者に対して，子どもと正面から向き合えるようになるために働きかけるのである。

　児童自立支援施設では，家庭に働きかけながら，子どもの精神的な問題や行動上の問題を解決するために子ども自身にも働きかける必要がある。そのために次のような援助が行われている*。

＊ 北海道家庭学校公式ウェブサイトより

①学習指導

　子どもの能力や，やる気を起こさせるようなカリキュラム，たとえばスポーツや制作などを重視する学習を行っている。授業は丁寧に行い，できるだけ基礎学力をつけることに配慮して進められている。

②作業指導

　自然とのふれあいを通して心身の問題を改善しようとする指導方法である。自然の恵みと厳しさを知る喜びを体験することによって心身の健全化を目指している。

③生活指導

　課題を抱えた家庭で育った子どもたちに安心できる家庭環境を提供し，自己の持つ問題を自ら克服するとの考えに基づいて指導している。

(2) 虐待への対応

　子どもの中には親から虐待を受けたために問題行動を起こし，児童自立支援施設に入所する事例もある。そのなかには下記の3つの行動パターンを示す子どもが多くみられる。

① 暴力的な子ども
② 多動な子ども
③ おびえている子ども

　このような子どもに対しては，伝えるべきことを言葉と行動で，あくまでも根気よく示していくことが必要である。そのことによって，子どもと職員の間に信頼関係が築かれていき，問題行動を克服する道筋ができあがるのである。

　さらに虐待をしている親との関係では，虐待行為そのものを責めても，それで行為が収まることはない。虐待を行っている親は子どもにしつけをしていると思っていたり，何かのストレスで子どもを虐待したりしているのであるから，まず，親の言い分をしっかり受けとめることが必要である。そのことによって，親としての自分を理解しようとしている職員の考えも受けとめようという気持ちになり，虐待回避の方向に向き始めるのである。

2.　児童心理治療施設

　前述の小学5年生のK子さんは父親からの心理的虐待を原因とした不登校児であった。人と接することが苦手で自分の意思表現はほとんどなかったK子さんは，担任の先生のすすめと自分の意志で入所した。

　K子さんは最初の内は声も小さく，まわりの子どもともほとんど話をしなかった。心理療法を担当する職員*はK子さんを誘ってよく近所の公園に散歩に出かけた。やがてK子さんは，心理療法を担当する職員に自分のつらい過去を話せるようになり，表情にも余裕を感じられるようになった。この頃には友だちもできて一緒に遊ぶ姿が見られるようになった。

　施設内にある分校の担任はK子さんが漫画を上手に描くことに気がついて，教室の壁に大きな「夢」と題した絵を描いてくれるように頼んだところみんなも驚くような絵を描いた。このことがきっかけでK子さんは自信を取り戻し，やがて小学生の子ども会の役員になって活躍するほどになり，笑顔が多くなっていった。施設では，3か月をめどに今後のK子さんの支援方針を決めるために，施設の精神科医や学校，児童相談所などの関係諸機関が集まってケース会議をしている。

　児童心理治療施設においては施設の環境全体を通して支援するという**総合環境療法****をとっている。これは医療，心理療法，生活支援，学校教育，学校・家庭や地域との連携を通じて支援目標を達成していくという方法である。ここでは子どもがどのような経過をたどって自立していくのか，施設における支援内容を見てみよう。

---

*　児童福祉施設の設備及び運営に関する基準では，児童心理治療施設の心理職について，
「第73条3．心理療法担当職員は，学校教育法の規定による大学（短期大学を除く。以下この項において同じ。）若しくは大学院において，心理学を専修する学科，研究科若しくはこれに相当する課程を修めて卒業した者又は同法の規定による大学において，心理学に関する科目の単位を優秀な成績で修得したことにより，同法第102条第2項の規定により大学院への入学を認められた者であつて，個人及び集団心理療法の技術を有し，かつ，心理療法に関する1年以上の経験を有するものでなければならない。第73条5．心理療法担当職員の数は，おおむね児童10人につき1人以上とする」としている。
**　全国児童心理治療施設協議会ウェブサイト　https://zenjishin.org/

①医療・心理療法 *

a. 個別に行う心理療法　　子どもと心理療法を担当する職員との1対1の
　　関係を深め，力をつける。セラピストが週1回程度，定期的にカウ
　　ンセリングや絵画，箱庭などのセラピーを行う。
b. 集団を対象とした心理療法　　グループを通して個人の発達を支える。
　　グループセラピーとしてグループで互いに話し合う，グループによ
　　る活動を行いその中でセラピストが観察，分析を行う，治療的意味
　　から活動にかかわる，などの方法をとる。
c. 家族療法　　家族のカウンセリングやセラピーを通じて家庭機能を高め
　　て，家族としての動きをつくる。
d. 医療　　精神科医による治療を行う。与薬することもある。

②生活支援

　児童心理治療施設の子どもは精神面での課題をもつのみならず，経験不足
からくる日常生活上の不器用さや感覚のずれをもっていることもある。
　生活支援では日常生活を通じて心身に自信をつけられるように，日課の中
での友だちや職員とのふれあい・遊び・スポーツ・作業などを，主に指導員，
保育士がかかわって支援をする。
　ここでは，よく計画された日課の中で，仲間との交流や，職員からの支え
によって徐々に自分への自信を回復していくのである。

③学校教育

　教育では児童心理治療施設の子どもの多くが不登校であるというところか
ら，子どもの基礎学力をつけ，学習する楽しさを知り，根気や自主性をつけ
るように働きかける。地域の学校へ通学する，施設内に分教室または分校が
ありそこに通学する，施設に教師が派遣される，などの方法があり，教育委
員会と連携しながら段階を踏んで子どもの成長を支援している。

④学校，家庭や地域との連携

　子どもが施設を退所したときに，スムーズに学校・家庭や地域に戻れるよ

＊　前掲ウェブサイト

うに，子どもが通学する予定の学校や地域担当の児童相談所と連携を取り合って動いている。

　家庭に対しては，週末帰宅や懇談会等を実施している。

　このように，児童心理治療施設の対象になる子どもは心理的，情緒的な問題を抱えているので，自立していくためには医療，保健，福祉，教育といった分野の協力が必要なのである。

　児童心理治療施設の支援と治療は次のような目標を立てて行われている。

①生活力の回復

　ここに入所する子どもの多くは基本的生活習慣が身についていない。このため施設では基本的な生活文化を身につけることによって日常生活上の自信や生活力を回復できるように配慮する。

②人間関係の回復

　家庭においても学校においても良い人間関係をつくることができずにつまずいている子どもが多いので，まず職員と子どもとの間の信頼関係を築くことができるように職員が働きかけている。これを築くことができれば，さらに子ども同士の人間関係もつくられていく。

　児童心理治療施設は，短期間入所または通所させて治療を行う施設である。入所治療は原則として数か月から2，3年程度の期間とし，家庭復帰，児童養護施設などへの措置変更を行い，通所，アフターケアとしての外来治療を行いながら地域で生活していくことを支援している。

【参考文献】
北海道家庭学校公式ウェブサイト
厚生労働省「児童自立支援施設運営ハンドブック」，2014
吉澤英子・小舘静枝編『養護原理』ミネルヴァ書房，2006
全国児童心理治療施設協議会ウェブサイト

第13講

家庭養護の特徴・対象・形態
―里親とファミリーホーム―

　本講の目的は，社会的養護が必要な子どもを，養育者の家庭に迎え入れて養育する「家庭養護」の養育形態である里親とファミリーホームの実情や特徴について理解することである。また，家庭養護にあっても社会的養護の原理や理念の学びが重要であることを理解することも本講の目的のひとつである。そのために以下の項目について学ぶ。

　① 家庭養護とは
　② 里親やファミリーホームに委託される子どもの家庭状況について
　③ 家庭養護の特徴と社会的養護の意義について
　④ 里親の認定・登録・研修と里親の現状について
　⑤ 里親ならではの悩みについて

　また重要な知識・概念として，赤ちゃん返りや真実告知についても述べている。家庭養護においても，今まで学んできた「社会的養護の基本原則」が有用であることを，事例とも併せてしっかり理解してもらいたい。

Ⅰ　家庭養護とは

1. 里親とファミリーホームへの優先委託

　里親制度は，さまざまな理由により短期的あるいは長期的に家庭で生活できない子どもを，実親に代わって里親に委託し養護する制度である。欧米では社会的養護の主流となっているが，日本では施設養護が主流で，里親やファミリーホームでの養育はいまだに少ない。

　2011年に取りまとめられた「社会的養護の課題と将来像」では，社会的養護は，できる限り家庭的な養育環境の中で行われる必要があること，このため社会的養護は，原則として里親およびファミリーホームを優先するとともに，施設も小規模グループケアやグループホームを積極的に導入し，家庭的な養護環境に改善していく必要があることが提言され，今後十数年で「里親・ファミリーホームへの委託児童」「グループホーム入所児童」「本体施設入所児童」の割合をおおむね3分の1ずつとすることを目標に，さまざまな社会的養護の制度改正が進んだ。

　その後2016年の児童福祉法改正を受け，2017年には「新しい社会的養育ビジョン」が提言された。新ビジョンでは家庭への養育支援から代替養育までの社会的養育の充実とともに，家庭養育優先の理念に沿って特別養子縁組による永続的解決（パーマネンシー保障）や里親等による養育を推進する方向性が示された。このような里親等への委託優先の取り組みにより，里親等委託率＊は2011年度末の13.5％から2021年度末には23.5％に上昇している。

　今後はさらなる子どもの権利保障のため，新ビジョンに示された子どもの年齢

＊　乳児院，児童養護施設，里親，ファミリーホームへの措置児童の合計に対する里親及びファミリーホーム措置児童数の割合。数値は「社会的養育の推進に向けて」（こども家庭庁，令和5年10月）による。

段階に応じた委託目標値の実現を早期に達成しようと，里親等への委託推進と，包括的な里親養育支援体制づくりが都道府県ごとに進められている。このような新しい社会的養育ビジョンに沿った改革が今後も進められ，里親やファミリーホームへの優先委託等がさらに進むことになると思われる。

2.　里親の種類

　里親とは，児童福祉法に基づき都道府県知事の委託を受け，さまざまな事情により家庭で暮らせない子どもたちを自分の家庭に迎え入れて養育する者を指す。児童福祉法の定義は第3講（p.46）に示したとおりである。

　里親には，「養育里親」「専門里親」「養子縁組里親」「親族里親」の4類型がある。それぞれの特徴は次の表のとおりである。

(1)　養育里親

表13-1　養育里親の要件

対象児童	要保護児童
名簿登録	養育里親名簿登録が必須
研修の受講義務	受講義務あり（養育里親研修）
欠格事由	あり（p.189参照）
里親手当	あり
一度に委託できる児童の人数	4人（同時に養育できる児童は，実子を含めて6人まで）
特徴など	里親のうち最も一般的な類型で，登録数・委託児童数なども最も多い。

（2）専門里親

表13-2　専門里親の要件

対象児童	次に掲げる児童のうち，都道府県知事が特に支援が必要と認める者 ①虐待等により心身に有害な影響を受けた児童 ②非行等の問題を有する児童 ③身体障害，知的障害または精神障害がある児童
名簿登録	養育里親名簿登録が必須
研修の受講義務	受講義務あり（専門里親研修）
欠格事由	あり
里親手当	あり
一度に委託できる児童の人数	2人
特徴など	養育経験が豊富である者，子どもの教育・福祉などの従事経験がある者で，上記の要件を満たした者が専門里親である。

（3）養子縁組里親

表13-3　養子縁組里親の要件

対象児童	養子縁組が可能な要保護児童
名簿登録	養子縁組里親名簿登録が必須
研修の受講義務	受講義務あり（養子縁組里親研修）
欠格事由	あり
里親手当	なし（一般生活費や教育費などは支給される）
一度に委託できる児童の人数	4人（同時に養育できる児童は，実子を含めて6人まで）
特徴など	養子縁組によって養親となることを希望しており，養子縁組を前提とした里親である。

(4) 親族里親

表13-4　親族里親の要件

対象児童	次の要件に該当する要保護児童 ①当該親族里親に扶養義務がある児童 ②児童の両親その他当該児童を現に監護する者が死亡，行方不明，拘禁，入院等の状態となったことにより，これらの者により，養育が期待できないこと
名簿登録	任意
研修の受講義務	受講義務なし
欠格事由	なし
里親手当	なし（一般生活費や教育費などは支給される）
一度に委託できる児童の人数	4人（同時に養育できる児童は，実子を含めて6人まで）
特徴など	対象児童の「扶養義務者及びその配偶者である親族」と規定されている。

　以上，里親を類型別に見てきたが，いずれにしても里親による養育は，実親と一緒に家庭で生活できない子どもに家庭環境を与え，里親との個別的な関係を育むことで，子どもの健全な発達を確保しようとするものである。これまで述べてきたような家庭機能が最も自然な形で発揮される社会的養護の形態であるといえる。

　なお，里親制度の運営については，2002年に「里親制度運営要綱」が示されたことに加え，2011年に「里親委託ガイドライン」が，2012年には「里親及びファミリーホーム養育指針」が定められ，これらに基づく運用が図られている。

3．ファミリーホーム（小規模住居型児童養育事業）

　2008年の児童福祉法改正で創設された事業で，社会的養護が必要な子どもを養育者の住居（ファミリーホーム）に迎え入れて養育する家庭養護であり，施設を小さくしたものではない。社会福祉法では第二種社会事業に該当する。児童定員は

　5〜6人で，ホームには原則として，2人の養育者（原則夫婦）および1人以上の養育補助者を置かなければならないことになっているが，養育にふさわしい家庭的環境が確保される場合には，1人の養育者と2人以上の補助者とすることも可能である。養育者には，養育里親や児童養護施設職員として一定以上の養育経験が求められる。ファミリーホームの運営については，2009年3月「小規模住居型児童養育事業実施運営要綱」が示され，その後の改正で，ファミリーホームは児童を養育者の家庭に迎え入れて養育する「家庭養護」であることが明確にされた。里親と併せて家庭養護の担い手として，今後に期待が寄せられている。ファミリーホームは2021年度末現在，全国で446か所，委託児童数は1,718人である*。

Ⅱ　里親やファミリーホームに委託される子どもの家庭状況

　里親にはどのような家庭状況の子どもが委託されているのだろうか。ここでは養育里親，専門里親，親族里親，ファミリーホームの種類別に事例を紹介し，委託児童の家庭背景を理解してみよう。

〈どんな育ち方をしたの？　1〉
養育里親に委託されたFくん

　Fくんは，生後6か月で乳児院に入所した。母親は高校卒業後地方から上京し都内の小さな会社で事務をして働いていた。職場で知り合った人と交際しているうちに妊娠し20歳のとき結婚した。生まれたのがFくんである。しかし出産後，母親は精神的に具合が悪くなり子どもの養育ができなくなった。はじめのうちは母

＊　厚生労働省「令和3年度福祉行政報告例」

方祖母が上京してFくんの面倒を見ていたが，母親の状態が悪化し被害妄想や幻
覚も出始めて，父親や祖母への発言も攻撃的になってきた。そのため，母親を実
家で引き取り面倒を見ることになった。しかし，実家もFくんと母親の両方の面
倒を見ることはできないし，会社員として働いている父親は帰りが遅くFくんの
養育はできない。そこで，家族で話し合った結果児童相談所に相談し，Fくんは乳
児院に預けられることになった。

　母親は病院受診の結果「統合失調症」＊と診断され入院することとなったが，長
期の入院が見込まれる状態である。このような状態に，父親は，母親とは夫婦と
して生活を続けられないとして離婚し，Fくんについては父親が親権者となった。
しかし父親の実家は遠方で貧しく，祖父母とは以前から関係が良くない。今回の
一連の出来事についても，祖父はだらしがないと父親を叱責しておりFくんの養
育にも非協力的である。児童相談所で相談の結果，Fくんは引き続き乳児院を利用
するとともに里親委託も考慮することになった。

　Fくんが1歳半の頃，養育里親のKさんが委託候補里親として現れた。Kさんは
その3か月前に里親に認定され，Fくんのいる乳児院で新任里親研修の実習をして
いた。Kさんに児童相談所から連絡があり，里親委託候補児童としてFくんが紹介
された。委託児童をこんなに早く紹介されるとは思っていなかったKさんだった
が，長期委託の可能性もあるFくんなので，気になったところはいろいろと児童
福祉司に質問した。児童福祉司も丁寧に答えた。写真に写ったFくんは目が印象
的で可愛かった。帰宅して夫婦で相談した結果，委託を前提としてFくんと交流
することになった。

　10日後Kさん夫婦は乳児院を訪ねた。Fくんの担当児童福祉司が立会いの下，F
くんが紹介され，委託候補児童としてKさんとの交流が始まった。里母のKさん
ははじめ週1回のペースで乳児院を訪ね，担当保育士の援助を受けながら少しず
つFくんとの関係を築いていった。そのうちKさんは週末にも夫婦で一緒に訪ね
て来るようになり，3か月を過ぎる頃からは3人で外出もできるようになった。

＊　統合失調症　　精神疾患のひとつ。病状や経過はいろいろあるが，自閉や興奮，妄想（現実では
ないことが実際に起こっていると感じたり，実在しないものが見えたりする），幻聴（聞こえない
はずの声が聞こえる）などの症状がみられる。

4か月過ぎからKさん宅への外泊も始まった。何度目かの外泊の際，児童福祉司の家庭訪問があり3人の良好な関係が確認された。こうしてFくんは養育里親のKさんに委託された。Fくんがちょうど2歳の誕生日を迎える頃だった。

〈どんな育ち方をしたの？　2〉
専門里親に委託されたJくん

　Jくんは4歳のときに児童養護施設に措置された。母親は家を出て行ってしまい父親は再婚したが，Jくんはその継母から虐待を受けていた。食事の時に兄弟の中でJくんだけ食事を抜かれたり，真冬に下着に裸足という姿で外に出されたり，叩かれたりしていた。この様子を見かねた父親が児童相談所に相談し，児童養護施設に入所したのである。父親は施設に面会に行くこともなく一時帰宅も拒んだため，児童相談所は親権者である実母に連絡を取った。しかし，母親もすでに別の男性と同棲しており，Jくんの養育には消極的だった。その後実母がJくんの里親委託に同意したためJくんは里親委託候補児童となり，7歳のときに児童養護施設から専門里親のMさんに委託されたのである。

　Mさんは8年前に里親になった。夫婦ともに知的障害児の入所施設で働いていたが，妊娠を機に退職し自宅で子育てをしていた。頼まれると近所の子どもを預かったりしていたが，保育士で子どもが好きである上に，以前から里親には関心があったので，思い切って夫に相談し里親となった。今までに短期長期合わせて7人の子どもの委託を受けてきている。

　里親になり5年が経ったMさんは，専門里親になった。Mさんの夫は大学で社会福祉を専攻していたので，研修自体は学生時代に学んだような内容だと思ったが，ロールプレイなどでは今までの養育経験を振り返ることができてよかったと考えている。

　Jくんは多くの問題行動を抱えていた。よく食べ物を盗んだり，すぐわかる嘘をついたりしたし，食事の基本的なマナーも身についていなかった。Mさんは，彼の言動に対し思わずカッとして叩きたくなったことがあった。そんな気持ちになってからは，ある程度距離を保ってJくんとかかわるようにしている。Mさん

は，今まで養護した子どもの中でＪくんが一番難しいと感じている。彼は大切に扱われたことがあまりないようで，たまにいたわりの言葉をかけると戸惑った様子が見えた。ある日，学校でちょっと面白い絵を描いてきたのでうまく描けたねと褒めて，「近所のアトリエに通ってみようか」と話したところＪくんも行ってみたいと言う。そこで，２年生の５月から週１回のペースで通い始めた。家で宿題をやるときは落ち着かず座っていられないのに，絵は本当に好きなようで，飽きずに集中して取り組んでいる。アトリエの先生とＭさんの夫は以前から顔なじみなので，Ｊくんのこともかいつまんで説明した。アトリエの先生がよく褒めてくれるのでＪくんも励みになり，自信にもなってきているようで，最近では問題行動も徐々に減ってきている。気分の浮き沈みはまだあるが，少しずつ落ち着きが見えてきたことをＭさん夫婦は大きな変化と思って喜んでいる。

〈どんな育ち方をしたの？　3〉
親族里親に委託されたＨ子ちゃん

　お父さんが帰ってこない。小学１年生のＨ子ちゃんがひとりで生活してもう２週間が過ぎようとしている。父子家庭で以前から十分な養育はされていなかったが，様子が変だと感じた担任の先生がＨ子ちゃんに事情を尋ね父親の不在がわかった。早速学校は児童相談所に通報し，Ｈ子ちゃんはその日の夕方から一時保護された。Ｈ子ちゃんは服が汚れており垢だらけで，お腹も空いているようだった。早速お風呂に入り服を着替えて夕飯を食べたが，保護所にいた６年生も驚く食欲だった。

　児童福祉司が翌日家庭訪問してその乱雑な室内に驚いた。家の中は万年床で掃除はもうずっとされていない様子である。市販の弁当の食べかけやら，お菓子の空き袋がいくつも転がっている。冷蔵庫の中はほとんど空っぽでわずかに残った食べ物にはカビが生えていた。保護時のＨ子ちゃんの所持金は120円だった。

　児童相談所は行方不明の父親を探すため警察に届けた。また調査で同じ県内のＩ市に祖父母がいることがわかった。父親の両親で夫婦２人暮らしである。事情を伝えると祖母は早速児童相談所に駆けつけてきた。祖母の話から，父親は以前から仕事も長続きせずにいたこと，母親とはＨ子ちゃんが３歳のときに別れたことなどが

わかった。父親は，半年位前に実家を訪ねて来たのが最後で，それ以来音信がなかった。そのときに借金の申し出があり，祖母は父親に数万円を貸していた。祖母はH子ちゃんを小さい頃からかわいがっており，不憫に思っていたが，養育については経済的にも厳しい状況であるので，帰って祖父と相談したいと語った。

　その後児童福祉司が祖父母宅を訪問し，2人と何度か面接した。その中で祖父母の家庭はつつましい年金生活ながら経済的には安定していて健康状態も良好であり，人柄や近隣の評判もまずまずなことが確認された。また，経済的な面では親族里親となって養育すれば養育費の支給が受けられることを助言したところ，祖父母は親族里親となってHちゃんの養育にあたることを決心した。一時保護されてから2か月後，祖父母も里親の手続きを完了しH子ちゃんと家族3人の生活が始まった。

〈どんな育ち方をしたの？　4〉
ファミリーホームに委託されたP子ちゃん

　P子ちゃんは，3歳のときにQ乳児院からファミリーホームのRさんのところにやってきた。P子ちゃんは未熟児だったため出産後そのまま入院となったが，両親が病院から引き取らなかったため乳児院に入所となった。その後Q乳児院では親子関係の再構築に努めたものの，両親は外泊訓練中にそのまま強引に引き取ってしまった。しかし間もなくP子ちゃんは体調を崩し病院に入院，病院から虐待通報を受けた児童相談所は直ちにP子ちゃんをQ乳児院に一時保護した。両親は引き取りを強く求めたが，児童相談所は両親が養育するのは困難だと判断し，児童福祉法第28条の申し立てを家庭裁判所に行い，その承認を得てQ乳児院に再措置となった経過があった。

　P子ちゃんは虐待の影響で情緒面が大変不安定だったことと，家庭経験が乏しかったことから，ファミリーホームのRさんに委託された。Rさん夫婦は2人とも元児童養護施設の職員で，長年施設に勤務してきた経験から，家庭で少人数の子どもを養育したいと思うようになり，施設を辞めて里親の認定を受けファミリーホームを開設した。実子2人を養育した経験もある。委託児童は現在P子ちゃんを含めて5名，夫婦2人の他に養育補助者2名の体制で，地域との関係を大切にしながら子どもた

ちを養育している。Ｐ子ちゃんは委託当初は赤ちゃん返りや試し行動が激しくＲさん
を困らせた。家のものを壊したり障子を破ったり，危ないことも平気でするので目が
離せない。そこでＲさんは，以前委託された子どもがお世話になっていた児童精神
科の医師や，児童相談所の児童心理司に積極的に相談し，その助言を得ながら，Ｐ子
ちゃんを受け入れつつ次のステップに踏み出せるか，確認しながら養育にあたった。
半年位してＰ子ちゃんにもようやく少し落ち着きが見えてきた。同じ大人が養育に
当たるので精神的な落ち着きも早く信頼関係もつくりやすいことや，普通の家に住ん
でご近所とも自然に交流できることは，ファミリーホームの強みだとＲさん夫婦は
思っている。少しずつだが偏食や険しい表情が減ってきたＰ子ちゃんの変化をＲさ
ん夫婦は嬉しく思っている。

Ⅲ　家庭養護の特徴と社会的養護

　前節では**里親やファミリーホーム**の種類ごとに事例を示してみた。子どもたち
の委託に至る家庭背景や子どもの特徴，里親やファミリーホームの特徴がすこし
は理解できただろうか。それぞれの事例で触れた里親養育は，施設養護とはまた
違ったタイプではあるが，今まで学んできた社会的養護の原理はどの事例にもあ
てはまる。家庭養護の特徴にも触れながら以下に整理してみよう。

1．里親委託児童の特徴

　里親委託の候補となる子どもには，養育里親に委託されたＦくんのように，長
期委託の可能性がある子どもの場合と，数週間から数か月で親または親族のとこ
ろに戻ることがはっきりしている短期委託の場合がある。
　Ｆくんの場合は大きくなったら父親が養育にあたることも考えられるので，委
託時点で今後のある程度の見通しは父親，児童相談所，養育里親で確認しておく

必要があるだろう。長期委託の場合でも短期委託と同様に里親は子どもが家庭に帰って親と一緒に過ごせるまでの間，子どもの養育を親に代わってするのが原則的な役割であることを自覚しておくことが大切である。

　なお，委託時点で養子縁組が必要と判断された子どもについては，養子縁組里親に委託し縁組を進めていくことを考慮すべきである。子どもにとってまず優先されるのは，実親や親族とともに暮らせる環境であるが，それが何らかの事情で不可能な場合，それに代わる安定した永続的な親子関係をつくることは，子どもにとって良いことだからである。このような考え方を「**パーマネンシー保障**」とよんでいる。社会的養護の受け皿として里親制度を考えるとき養育里親が担うべきなのは短期の委託や，家族再統合が予定される子どもが望ましいが，長期委託の子どもも少なからずいるのが現状である。

2. 子どもとその家族を大切にする

　短期委託の場合，数週間から数か月の単位で委託される。委託理由は出産や入院等一過的なものであることが多い。施設への短期入所の場合，環境の変化がとても大きいが，里親の場合は同じ家庭環境であり，また，個別的な配慮が可能であることも里親の大きな利点である。また委託された**養育里親**が子どもが暮らしていたところと同じ地域であれば，小学校や中学校も変わらずに通うことができる。現状では里親数が少ないので身近で対応できる養育里親がいるとは限らないが，今後養育里親が増えればこのような特性を活かして短期委託が行われると良いし，「社会資源と連携して子どもを保護する」ことにも通じる。

　短期委託の場合家族に対する支援も大切になる。里親は自分自身のプライベートな家庭を受け皿として子どもを養育するので，里親自身のプライバシーにも十分配慮する必要があるが，可能な範囲で親の不安も軽減できるように連絡を密に取ったり，子どもとの交流を図ったりするなどして家族を支援することが望ましい。とはいえ，実親への支援の大切さは何も短期委託に限ったことではなく，里親全般に重要な課題である。里親委託を増やし，さまざまなタイプの子どもが里親委託されるようになれば，実親への支援も里親の重要な役割になることを，養

育里親はよく自覚すべきである。

3.　一般家庭で，夫婦で子どもの養護にあたる里親

　里親は一般的には夫婦で，自分の家で，子どもの社会的養護を行う。里親には里親家庭の価値観があり，**生活文化**がある。委託される子どもにも，自分の生まれ育った家庭の価値観や生活文化があるため，委託された当初はこの価値観や生活習慣・生活文化の違いに双方とも戸惑うことになる。委託児童の年齢が高ければ高いほど，この違和感はお互いに強くなる。里親委託の最初の関門はここにあるといえるだろう。加えて里親の立場は委託された子どもより強い。児童福祉法第47条第3項では，児童福祉施設長と並び小規模住居型児童養育事業を行う者や里親による監護・教育権について規定されている。同条文では，子どもの人格を尊重するとともに，その年齢及び発達の程度に配慮しなければならず，かつ，体罰をはじめ子どもの心身の健全な発達に有害な影響を及ぼす言動をしてはならないことも併せて規定されていることを忘れてはならない。里親はこれらのことを念頭に置き，子どものやり方や生活文化をよく認識し，子どものやり方で尊重できることは尊重したり，子どもが希望することは取り入れたりして，子どもも含めた新しい家族による新しいやり方を工夫する必要がある。

　とはいえ，事例からもわかるように，今までの家族と暮らす経験の中でマイナスの経験をしている子どもも多い。「マイナスからの回復を支援する」ということを自覚して日常生活を通じて，生活文化を伝えていくことも忘れてはならない。

4.　被虐待児の特徴を知り連携する

　専門里親の事例では，虐待を受けた子どもの委託例を載せた。里母は思わずカッとした自分にすぐに気づき，適当な距離をとろうとしたのは賢明な対応である。虐待された子どもは親に代わる新たな養育者に対しても「暴力を引っぱり出す」*傾向が見られる。虐待を受けた子どもたちに一般的にどんな特徴があるのか，よく知った上で，適切な距離を保つのは重要な事柄である。「子どもであること

への回復」を念頭におき，「受容と規制のバランスをとる」態度がまずは求められるだろう。また，自分自身のプライベートな空間でもある家庭だからこそ，ややもすると親という意識が強くなってしまうかもしれない。しかしそこは親代わりという意識を捨てるべきで，むしろ専門里親として家庭養護のプロに徹する心構えが大切だ。食べ物を盗むことに対しては，時に「善悪の判断を超えて受けとめる」ことが必要になることもある。

　いたわりの言葉に子ども自身が戸惑う場面もある。ある里親は「お茶碗を割ったときに，『怪我しなかった？』と聞いたら，びっくりしていました。いたわりの言葉をかけられたことがなかったのでしょう」**とその養育体験について述べている。虐待を受けた家庭の中ではお茶碗を割ったらとたんに叩かれてきたのだろう。予想もしなかった里親のやさしい言葉に驚いた子どもの顔が目に浮かぶ。里親は虐待を受けてきた委託児童に，折に触れて「あなたは大事な存在なのだ」というメッセージを伝え続ける必要がある。「愛される価値がある大切な人間として子どもを信頼する」ことの意義がここにある。専門里親のMさんはJくんを近所のアトリエにも通わせているが，これは地域の社会資源を上手に活用し，体験を通して大切な人として扱われることを伝える良い機会になっている。

　とはいえ虐待された子どもの養育は大変難しい。児童養護施設ならば職員同士で対応の仕方を検討しあったり，悩みを打ち明けあったりして支えあうことも可能だが，里親の場合日頃支え合うのは夫婦のみになってしまう。それに子どもとも四六時中顔を突き合わせている。これはなかなか厳しいものがある。ファミリーホームの事例のように，里親やファミリーホームは児童相談所や里親支援機関***にも積極的に支援を求め，たとえば児童心理司****による面接を毎週1回組み，養育に対する助言を受けたり，必要に応じて医療機関等とも連携をもつこ

＊　広岡智子『心の目で見る子ども虐待』草土文化，2004，p.91
＊＊　村田和木『「家族」をつくる―養育里親という生き方』中央公論新社，2005，p.129
＊＊＊　児童福祉法第11条では，里親の相談・援助をはじめとする包括的な里親支援を「里親支援事業」として明示し都道府県の業務とした上で，この業務を内閣府で定める者に委託することができると規定している。
＊＊＊＊　児童相談所で，児童虐待を受けた子どもの心理ケア，療育手帳（知的障害者の福祉サービスのための手帳）にかかわる心理テストや心理相談を行う。

とが大事である。

　学校との連携についても，児童養護施設は学校対施設として長年にわたる連携の積み上げがあるが，里親やファミリーホームに関しては学校側の理解が不十分な場合もあるので，まずそこから始めていく必要がある。里親やファミリーホームは，自らが里親あるいはファミリーホームであることをオープンにして地域に働きかけ，理解と協力の環を地域に広げていく必要がある。

5.　親族里親の特色を生かす

　親族里親の長所は，親族であるためその子どもや家族のことを以前から知っていることである。委託児童は前から知っている人々の中で育てられるので，違和感や緊張も少ないし，前述した生活文化の違いも他人ほどかけ離れていないと予想される。親族の知っている範囲で子どもの親のことを話して聞かせることも可能である。その反面親族という気が置けない間柄だからこそ言いがちな，育てられない親への非難や中傷には気をつける必要がある。研修は必要に応じて実施することになっているが，親族という立場は脇に置いて，「子ども固有の権利を守る」ことや「子どもの最善の利益を守る」，「マイナスからの回復への援助をする」等，社会的養護の原理を機会を捉えて理解することが大切である。

Ⅳ 里親の認定・登録・研修と里親の現状

1. 里親の認定・登録・研修

　里親養育について述べてきたが，さてもしもあなたが将来里親になりたいと思ったらどうしたら良いのだろうか。Ⅲで紹介した養育里親のKさんが里親となり活動を始めるまでをここに紹介しよう。

　Kさん夫婦には子どもがいない。不妊治療をもう10年近く続けてきたが残念ながら子どもには恵まれなかった。年齢的にももう子どもはあきらめる他ないかと思っていたところ，県の広報に載っていた「里親さんを募集します」の記事が目に留まった。妻のP子さんは大学時代に社会福祉を学んでいたので，授業でも里親のことは聞いたことがあった。さまざまな事情で，家庭で養育できない子どもを預かって育てること，大変な家庭環境で育った子どもも多いことなどである。以前から，子どもを育てることで自分たち夫婦も成長すると思っていたP子さんは里親になりたいと思い，夫のQ夫さんに相談してみた。元来温厚で子ども好きなQ夫さんだが，P子さんの話に最初は戸惑った。しかし，自分たちがいろいろな事情のある子どもたちの役に立つことができれば，そして何よりP子さんがそれを望むならやってみたいと思い，里親になる決心をした。

　P子さんは，県の広報にあった児童相談所に早速電話をして相談の約束をした。P子さんが児童相談所を訪ねると，担当の職員から里親について説明があった他，里親希望の動機などについて尋ねられたりした。説明は大学の授業で聞いた内容と大体変わらなかったが，里親になっても里親委託候補の子どもが少ないため，委託までに時間がかかることなどは初めて聞くことで意外だった。Kさんたちは養子縁組をしようとは考えていなかったので，そのことも担当者に伝えた。

　そうしたところ，担当者から養育里親希望者は「養育里親申請書」等の書類を

提出しなければならないことと家庭訪問による調査があること，加えて研修を受
講する必要があることが伝えられた。研修は，社会的養護が必要な子どもの現状
や里親制度の意義を理解するのが目的で，講義の他にベテラン里親の体験談や施
設実習もあるという。Ｐ子さんは「私たちは子育ても初めてだし，しっかり勉強し
よう」と考えた。

　後日Ｋさん夫婦は研修会に参加した。その折に申請書などの書類を提出した。
その後すこし経ってから児童相談所の家庭訪問があった。先日話をした職員が訪
ねて来て，里親の希望動機や家庭環境，子ども部屋となるだろう部屋の確認や世
帯の収入まで，先に提出した書類に従い綿密に調査をしていった。数週間後児童
相談所からＫさんに「養育里親候補者として県の児童福祉審議会*に推薦をしま
す」と連絡があった。家庭訪問のときにも説明されたが，相談所で適当と判断さ
れると今度はこの審議会に諮られて，そこで最終的に決定される仕組みである。
数か月後児童相談所から審議会で里親として認定がされた旨の連絡があった。約
束の日，Ｋさん夫婦は喜んで児童相談所に出向くと，所長室に通され認定書が手渡
され里親登録の確認がされた。Ｋさん夫婦はこれで晴れて養育里親として活動がで
きると嬉しく思った。

　以上，**Ｋ**さん夫婦が里親になるまでを紹介した。もう一度里親登録までの流れ
をまとめておこう。

　まず里親を希望する者は，自分の住んでいる地域を管轄する児童相談所に里親
の申し込みをし研修を受講する。児童相談所は，希望者が要保護児童を育てるの
にふさわしい人かどうか，欠格事由に該当していないか，国の定める規定等に従
い調査の上，都道府県児童福祉審議会の意見を聞き，知事が認定の適否を決定す
る。認定を受けた里親希望者は，その後養育里親名簿へ記載登録され，初めて養
育里親として児童委託の準備が整うことになる。

　養育里親になるための条件として満たされなければならない事柄にはどのよう

---

*　児童福祉法により都道府県に設置されている。児童福祉，知的障害者に関する事業者や有識者で
　構成される。

なことがあるのだろうか。厚生労働省の「里親制度運営要綱」*に示された里親認定の要件から，養育里親の認定要件を紹介しよう。

① 　要保護児童の養育についての理解及び熱意並びに児童に対する豊かな愛情を有していること。［省令第 1 条の35第 1 号］

② 　経済的に困窮していないこと（要保護児童の親族である場合を除く。）。［省令第 1 条の35第 2 号］

③ 　都道府県知事が行う養育里親研修を修了していること。［法第 6 条の 4 第 1 号，省令第 1 条の35第 3 号］

④ 　里親本人又はその同居人が次の欠格事由に該当していないこと。［法第34条の20第 1 項，政令第35条の 5 ］

　ア 　禁錮以上の刑に処せられ，その執行を終わり，又は執行を受けることがなくなるまでの者

　イ 　法，児童買春・児童ポルノ禁止法（児童買春，児童ポルノに係る行為等の規制及び処罰並びに児童の保護等に関する法律）又は政令第35条の 5 で定める福祉関係法律の規定により罰金の刑に処され，その執行を終わり，又は執行を受けることがなくなるまでの者

　ウ 　児童虐待又は被措置児童等虐待を行った者その他児童の福祉に関し著しく不適当な行為をした者

2.　里親委託の推移と現状

　では里親登録数と委託児童数の実際を見てみよう。要保護児童のうち施設入所児童は全体の 8 割を超えており，里親委託児童は 2 割に満たないのが現状である。厚生労働省が2018年に行った「児童養護施設入所児童等調査」の結果で見てみると，里親委託児童と施設入所児童の総数（障害児入所施設入所児童数を除く）は45,682名，そのうち里親とファミリーホームへの委託児童数は6,895名で全体の15.1％である。

＊ 厚生労働省通知「里親制度の運営について」，2002（一部改正2023）

　里親に関する数値の推移をもう少し見てみよう。2021年度末の里親登録数は15,607世帯，里親委託児童数は6,080名となっている*。また2021年度末のファミリーホーム数は446か所，委託児童数は1,718名である。里親の類型別数値は表のとおりである。

表13-5　里親類型別登録里親数・委託里親数・委託児童数

		登録里親数	委託里親数	委託児童数
		15,607世帯	4,844世帯	6,080人
区分（重複有）	養育里親	12,934世帯	3,888世帯	4,709人
	専門里親	728世帯	168世帯	204人
	養子縁組里親	6,291世帯	314世帯	348人
	親族里親	631世帯	569世帯	819人

（厚生労働省「令和3年度福祉行政報告例」〔令和4年3月末現在〕）

　これら里親数と委託児童数増加の背景として，これまで述べてきたとおり里親の開拓と里親への委託が積極的に推進されていることがあげられる。2011年の「社会的養護の課題と将来像」を契機に里親やファミリーホームへの優先委託が推進され，その後2016年の児童福祉法改正では「**家庭養育優先原則**」が明確化され，翌2017年の「新しい社会的養育ビジョン」では，特別養子縁組や里親による養育を加速度的に推進しようと，乳幼児からの段階的な数値目標や里親に関する一連の業務（フォスタリング業務）の包括的な実施体制の構築等が具体的に示された。これを受け都道府県は社会的養育推進計画を策定し2020年度からその計画を実行に移している。そして2022年の児童福祉法改正では，新たに**里親支援センター**が児童福祉施設に位置づけられた（施行は2024年度から）。今後このセンターも含めた体制整備が都道府県でさらに進み，里親やファミリーホームへの委託はさらに増加することになるだろう。

---

* 厚生労働省「令和3年度福祉行政報告例（児童福祉）」

Ｖ　里親ならではの悩み

　里親養育には，施設養護ではあまり見られない，里親ならではの悩みがある。そのうちの「**赤ちゃん返り**」と「**真実告知**」*の悩みをここで紹介しておく。

1.　里親Ｂさんの悩み

　Ａくん（５歳）は児童養護施設で暮らしていたが，以前から夏休みや冬休みに交流のあったＢ里親に長期委託された。委託当初はスムーズにＢさんの家庭に慣れていったＡくんだったが，１か月を過ぎる頃から赤ちゃん返りが始まった。以前は一人で着替えができていたのに，入浴後里母に全部着せてもらうようになり，その後さらにエスカレートしオムツをあてたいとまで言うようになった。Ｂ里親は，長期委託は初めてで，子どもを育てた経験もない。このような事態にどのように対処したら良いか困惑してしまった。児童相談所の担当児童福祉司に相談しようと電話をしたが，施設訪問や家庭訪問に外出しておりなかなかつかまらない。ようやく担当福祉司とつながり家庭訪問を約束するが，訪問できるのは１週間後だという。Ｂ里親にとっては長すぎる１週間である。

　困りきったＢ里親の頭に，前回の里親研修で知り合ったＣ里親の顔が浮かんだ。Ｃさんはすでに何人も子どもを養育した経験のあるベテランの里親で，研修会では里親トレーナーとして参加していたのである。Ｃさんなら良いアドバイスをもらえるかもしれないと思い，思い切って相談してみることにした。電話をかけるとＣ里親は具体的な対処について親身にアドバイスしてくれた。ＢさんとＣさんが所属する里親会は自治体から里親研修や訪問支援のフォスタリング事業を

＊　真実告知（テリング）とは，委託された子どもに，現在育てているのは生みの親ではないという事実と，今は私たちが親で子どもであるあなたは大切な存在であるという真実をしっかりと伝えることである。

委託されており，C里親は里親トレーナーの他に里親相談支援員でもあったため，その後何度かBさんの家に来て相談にのってくれた。Aくんの強烈な赤ちゃん返りは3か月ほど続いたが，その間何度もC里親に支えてもらった。その後Aくんは徐々に落ち着き，赤ちゃん返りはうそのように収まっていった。

　その赤ちゃん返りの最後の頃にAくんが求めてきたのが，B里親のスカートやエプロンの中にもぐりこんでからお腹の中から生まれてくる遊びだった。その遊びをしながらAくんは，B里親に「僕はお母さんの子ども？」と尋ねてきた。里親会の研修会でも真実告知のことはよく話題になっていたしC里親とも相談していたので，これはちょうど良いタイミングと思い，B里親は遊びを止めてAくんを座らせて，話をした。

　「Aくんを産んでくれたお母さんは私ではなくて別にいるのよ。Aくんを産んでくれたお母さんはAくんのことが大好きだったけれど，若すぎてAくんを上手に育てることができなかったの。それで家族とも相談して，学園で育ててもらうことにしたの。学園の生活覚えているでしょう。そこでAくんが4歳のときに私たちと出会ったのよ。私たちはあなたのことがとても大好きで育ての親になる決心をしたの。Aくんの生みの親も私たちが育ての親になることに賛成してくれたので，学園から引き取ってこうしてここで生活を始めたのよ。私たちはAくんの生みの親ではないけれど育ての親なの。Aくんのお母さんになれて本当によかったな。大好きだよ。Aくんありがとう」。こう言ってAくんを抱きしめた。

　Aくんは，現在は小学校3年生となりすっかりB里親の家になじみ明るく元気に通学している。

2.　赤ちゃん返り

　この事例では，Aくんの赤ちゃん返りに里親は大変戸惑っている。委託された子どもがこうした「**退行現象**」や「**試し行動**」を起こすことはよくあることなので，新任里親研修などで予め理解しておくことは大切なことである。子どもによっては，赤ちゃん言葉になって，時には，しなくなっていた夜尿をすることもある。またわざと食事をひっくり返してみせることもある。子どもは体当たりで

この人は自分を無条件で受け入れてくれる人かどうかを試しているといっても良いであろう。まずはしっかりと受容することから始めていくと良い。

　事例でBさんは児童相談所の担当児童福祉司にSOSを出しているが，児童相談所ではすぐに対応することができなかった。代わって研修会で知り合ったベテラン里親のCさんが支援をしているが，誰にも支援が求められず大変な思いをして子育てをしている例も少なからずある。里親のニード調査をみると，里親の養育に対する支援の充実を望む声が大変多い。2002年の改正で里親に対するレスパイト・ケア*も設けられた。里親も乳児院や児童養護施設とともに社会的養護の役割を担うのであるから，よく理解しあい協働していけるようにパートナーシップをつくり上げていく必要がある。また2016年度の児童福祉法改正で，里親制度の普及啓発から，相談研修，里親と子どもとの間の調整，子どもの養育に関する計画の作成までの一貫した里親支援が都道府県（児童相談所）の業務として位置づけられたことを受け，2017年に「里親支援事業実施要綱」が，翌2018年には「フォスタリング機関（里親養育包括支援機関）及びその業務に関するガイドライン」が定められた。事例の里親研修や里親への訪問支援は，この里親支援事業やフォスタリング業務にあたる。今後はこうした里親養育支援体制が地域でどのように構築されるのか注意深く見守る必要がある。

3.　真実告知

　里親会や里親研修会に行くと必ず話題になるのは**真実告知**についてである。これは里親に委託された子どもや養子縁組をした子どもに特有の課題である。乳幼児期に里親に委託された子どもの場合，自分の出自や生みの親のことなどを知らなかったり，断片的な理解だったりする場合も多い。真実告知にあたっては，生みの親でないという事実を単に伝えるのではなく，あなたを子どもとして育てられて嬉しいということや，心から望んで育てているという「もう一つの真実」も

＊　里親の一時的な休息のために乳児院や，児童養護施設，または他の里親を活用し援助する事業で，年7日以内で希望する場合は児童相談所に申し出ることとなっている。

併せてしっかりと伝えることが大切である。

　里親の中には，真実告知はなるべくしないほうが子どもにとって幸せだという考えをもつ人もいる。しかし児童の権利に関する条約第7条には，氏名，国籍を得る権利とともに，親を知り養育される権利が記されている*。子どもの養育にあたる里親は，子どもの知る権利を保障し，子ども自身のルーツ探しや自らのアイデンティティを確保する意味からも，その第一歩となる真実告知を，子どもの成長発達に応じて，大切に，愛情をもって行っていく必要がある。

4.　里親養育の課題

　本講では里親養育の特色や里親ならではの悩みを解説してきた。里親は，普通の家庭で，里親夫婦が，社会的養護が必要な子どもを預かり中途から養育するという特徴がある。新任里親の中には子どもを育てた経験がない人たちもいる一方で，委託児童はすでに実親に育てられた経験があり，その中にはマイナスの経験をもつ子どもも多いことはすでに述べてきたとおりである。加えて地域社会の里親養育に対する理解も十分ではなく，社会的養護が必要な子どもを預かり育てることへのプレッシャーも大きい。このようないくつもの不利な状況下で，里親による養育がスタートすることを里親と支援者は忘れてはならない。

　里親養育の今後の課題は，このような特別な養育条件のもとにある里親と子どもに対する支援体制づくりにある。まず求められるのは里親養育支援ネットワークの充実である。「里親養育は関係機関との連携・協働が不可欠であり，関係機関や支援者とともに養育チームを作っていく意識が必要である」**と，里親養育支援とチーム養育の大切さが指摘されている。

---

*　第7条
　　1　児童は，出生の後直ちに登録される。児童は，出生の時から氏名を有する権利及び国籍を取得する権利を有するものとし，また，できる限りその父母を知りかつその父母によって養育される権利を有する。
　　2　締約国は，特に児童が無国籍となる場合を含めて，国内法及びこの分野における関連する国際文書に基づく自国の義務に従い，1の権利の実現を確保する。
**　厚生労働省「里親及びファミリーホーム養育指針」，2012

　今後は「家庭養育優先原則」のもと，これまで以上のスピードで里親養育を質量ともに増大させることが求められているが，そのためには先に述べた里親養育支援のネットワークづくりを担う「フォスタリング機関」の業務遂行能力を高める必要がある。「フォスタリング機関」とは「里親制度に関する包括的業務（フォスタリング業務）」を担う里親養育支援の要となる機関である。「フォスタリング業務」とは，里親の広報・リクルート，里親に対する研修及び里親とのマッチング，里親養育への支援，委託児童の自立に向けた支援，里親養育のサポートやスーパービジョン，チーム養育を実現するための関係機関との連携など「子どもにとって質の高い里親養育がなされるために行われる様々な支援」＊を指す。

　フォスタリング機関の業務遂行能力を高めるためには，これら業務を担う職員の十分なマンパワーと資質・能力が重要となる。里親養育支援に携わる職員の人材養成も今後の大きな課題である。

　里親養育は，家庭を地域にひらき，地域の支援者やご近所とつながって子どもを養育する営みでもある。里親養育をさらに推進するためには，地域社会が子どもの社会的養護に関心を深め子どもの権利を守るために市民自ら活動を行う意識を醸成することも大切である。そんな地域づくりも里親養育の重要な課題である。

【引用文献】

広岡智子『心の目で見る子ども虐待』草土文化，2004

厚生労働省「里親及びファミリーホーム養育指針」，2012

厚生労働省通知「フォスタリング機関（里親養育包括支援機関）及びその業務に関するガイドライン」，2018

村田和木『「家族」をつくる―養育里親という生き方』中央公論新社，2005

【参考文献】

相澤仁編集代表／松原康雄編『シリーズやさしくわかる社会的養護2　子どもの権利擁護と里親家庭・施設づくり』明石書店，2013

ジェイミー・リー・カーティス作／ローラ・コーネル絵／坂上香訳『ねぇねぇ，もういちどききたいな わたしがうまれたよるのこと』偕成社，1998★

＊　厚生労働省通知「フォスタリング機関（里親養育包括支援機関）及びその業務に関するガイドライン」，2018

社団法人家庭養護促進協会神戸事務所編著『里親になってよかった』エピック，2005★

社団法人家庭養護促進協会神戸事務所編著『さとおや・養親ブックレット2　真実告知ハンドブック―里親・養親が子どもに話すために』エピック，2007

社団法人家庭養護促進協会神戸事務所編『2009年度改訂版　里親が知っておきたい36の知識―法律から子育ての悩みまで』エピック，2009★

庄司順一『フォスターケア―里親制度と里親養育』明石書店，2003

庄司順一・鈴木力・宮島清編『社会的養護シリーズ1　里親養育と里親ソーシャルワーク』福村出版，2011

津崎哲郎『里親家庭・ステップファミリー・施設で暮らす子どもの回復・自立へのアプローチ―中途養育の支援の基本と子どもの理解』明石書店，2015

養子と里親を考える会編著『里親支援ガイドブック―里親支援専門相談員等のソーシャルワーク』エピック，2016

第14講

社会的養護の現状と課題

　本講の目的は，社会的養護に関する社会的状況や現状と課題，施設運営の仕組みなどについて理解することである。
　そのために以下について解説している。
① 今後の社会的養護を展望するための視点
② 施設等の運営管理，特に費用と職員について
③ 子どもの権利擁護と倫理の確立に向けた仕組み
④ 被措置児童等の虐待の防止についての考え方
⑤ 社会的養護と地域福祉の関係
　この中で倫理の確立に向けた仕組みとして権利擁護の制度である「施設運営指針・里親等養育指針」および「手引書」「子どもの権利ノート」「苦情解決の仕組み」「第三者評価事業」「運営・適正化委員会」についても述べている。
　施設保育士は常に子どもの立場に立ち，施設内で発生する可能性がある虐待や不適切なかかわりをいかに予防するかを自ら考えてほしい。それが支援の質や施設の評価を高め，健全な運営につながるであろうことは，これまで学んできた内容から理解できるであろう。それを前提に本講の学びを深めてほしい。

Ⅰ　社会的養護に関する社会的状況

　今後の社会的養護のあり方を考えていくにあたり，留意すべき社会的状況として以下4点を取り上げる。

1.　児童虐待の概念

　児童虐待の概念は，子どもの権利や発達の様相に関する理解の展開とともに深められている。「虐待」の語が一方的で積極的な加害行為を主に連想させがちであることから，近年は「**マルトリートメント（不適切なかかわり）**」という言葉も使用される。子どもの養育において「してはならないことをする作為」として「**ABUSE**」と「なすべきことをしない不作為」としての「**NEGLECT** 無視・怠慢」とに分けて整理されている＊。

　「マルトリートメント」は養育者の側に加害の意図や動機があるかには関係なく，子どもにとって有害かどうかで判断される。圧倒的な力関係にあるとき，子どもは養育者の言動を「正当化」してしまう傾向がある。「自分のために殴ってくれた」「自分が悪かったのだから当然だ」というような認知になりやすいことに注意しなければならない。養育者が自分の達成できなかった願望を子どもに強いる，心理的虐待の一タイプとしての**教育虐待**＊＊にも注意が必要である。

　現実にはそれぞれの「不適切なかかわり」は重複していることが多く，性的虐待のように明解に分類できない場合もある。また児童虐待との深い相関が指摘されている「子どもの貧困」についても，「社会からの構造的なマルトリートメン

＊　日本小児科学会「子ども虐待診療の手引き 第2版」，2014，p.1
＊＊　古荘純一・磯崎祐介『教育虐待・教育ネグレクト―日本の教育システムと親が抱える問題』光文社，2015，p.95

ト」*とみなす場合もある。

　近年は子どもへの不適切な養育については，より広義の**小児期逆境体験**（Adverse Childhood Experiences：ACEs）という概念でも捉えられる。小児期逆境体験とは，子どもが生きる上で不可欠な安心や安全が守られていない環境における体験，すなわちトラウマとなりうる虐待やネグレクト，性被害，機能不全家族との生活などをいう。小児期逆境体験によって，「神経発達不全や社会的・情緒的・認知的障害のリスクが高まり，生涯にわたって心身の健康や社会適応に悪影響を及ぼす」**とされる。小児期逆境体験の概念は，児童虐待を公衆衛生の観点も含んで従来より広範囲に捉え直し，成人後のさまざまな社会的な不利や疾病等と関連させる視点を提供するものである。

　子どもが「安全・安心を感じているか」「自己決定できているか」「自分を大切な存在として感じられているか」という本質的な権利に，常に綿密に照らしつつ，理解していくことが求められる。

2. 望ましい社会的養護の場

　2016年の児童福祉法改正では，「条約」や「国連子どもの代替養育に関するガイドライン」を踏まえて，子どもが家庭において心身ともに健やかに養育されることを原則として打ち出した。「家庭養育の原則」が規定され，子どもを家庭において養育することが困難な場合は，家庭における養育環境と同様の養育環境において継続的に養育されるよう必要な措置を講ずるとした。この方針を受けて，「新しい社会的養育ビジョン（以下「ビジョン」）」においても里親委託がさらに推進されるものとなっている。

　「ビジョン」においては，①家庭養育原則の実現のため，原則として施設への就学前の子どもの新規入所措置を停止し，遅くとも2020年度までにフォスタリン

＊ 奥山眞紀子「マルトリートメント（子ども虐待）と子どものレジリエンス」『学術の動向』15（4），2010，p.47
＊＊ 野坂祐子『トラウマインフォームドケア―"問題行動"を捉えなおす援助の視点』日本評論社，2019，p.77

グ機関事業の確実な整備をする，②3歳未満児についてはおおむね5年以内に，その他の未就学児についてはおおむね7年以内に里親委託率75％以上を実現する，③学童期以降はおおむね10年以内を目途に同委託率50％以上を実現するなどの数値目標があげられた（里親委託の現状と展望については第13講参照）。

　児童福祉施設に関しては，「家庭では養育困難な子どもが入所する『できる限り良好な家庭的環境』」であることとし，「原則として概ね10年以内を目途に，小規模化（最大6人）・地域分散化，常時2人以上の職員配置を実現し，更に高度のケアニーズに対しては，迅速な専門職対応ができる高機能化を行い，生活単位は更に小規模（最大4人）となる職員配置を行う」としている。地域に対しては，今までの実践で培われた専門性を基に，地域支援事業やフォスタリング機関事業等を行う多様化が求められている。

　「ビジョン」に関しては，長らく施設養護中心であった日本の社会的養護を変革するものとして期待を寄せる声のある一方，いくつかの懸念事項もあげられている。たとえば「子どもが望む家族との距離感を保ちながらその自立を支援するためには，養子縁組・里親か施設かの二者択一ではなく，子どもの権利を守る社会的養護の多様な選択肢が必要」であること，「里親委託の拡充については，国際的なフォスターケア・ドリフト問題，日本の里親委託解除・措置変更の多さ，被措置児童等虐待発現率などの現状に立脚した現実的な改革を実施」すべきこと，といった意見がある*。その他，養育者には必須の心身のゆとりが失われた場合にさまざまな「失調」が生じるのであり，「社会的養護が『家庭』の子育てを範型にした場合同じことが起きる心配はなかろうか」**というような指摘もある。どのような体制が望ましいのか，今までの日本の社会的養護の実践を振り返りつつ，施設関係者や当事者を十分に交えた丁寧な議論が求められる。

3. アドボカシーサービス

　社会的養護の制度面の変革がなされようとしている現在，その内実を保障する

＊　全国児童養護問題研究会「「新しい社会的養育ビジョン」に対する意見」，2017
＊＊ 滝川一廣「社会的養護と「家庭」」『世界の児童と母性』82，2017，p.19

のは権利擁護の制度であるといっても過言ではない。措置の場面で子ども自身が
意思表示をする手段は極めて限定されており，また生活の場の小規模化や里親委
託の推進などは，密室化の危険を常にはらんでいる。国連子どもの権利委員会は，
2019年の「日本の第4回・第5回統合定期報告書に関する総括所見」において，
「子どもによる苦情を子どもにやさしいやり方で受理し」調査，対応できる独立
した監視機関の設置を改めて勧告しているが，地方自治体においては子どものオ
ンブズパーソン等の活動がいくつかあるものの国レベルでは未設置である。同委
員会は「子どもが自由な意見をまとめることを奨励すべきであり，かつ子どもが
意見を聴かれる権利を行使できるような環境を提供するべき」*とする。「条約」
第12条の意見表明権に関する「自己の意見をまとめる力（形成する能力）のある」
という文言については，「制限としてではなく，むしろ自律的見解をまとめる子
どもの能力を可能なかぎり最大限に評価する締約国の義務としてとらえられるべ
き」であり，乳幼児を含むすべての子どもに対し「意見を聴かれる権利」を確保
しなければならない**ともしている。

　2016年の児童福祉法改正においては「新たな子ども家庭福祉のあり方に関する
専門委員会」の提言を受けて，子どもの権利擁護のため児童福祉審議会について
は「①児童福祉審議会は，関係者に対し，必要な報告等を求め，その意見を聴く
ことができることとする（児童福祉法第8条第6項）。②児童福祉審議会の委員の
要件に，その権限に属する事項に関し，公平な判断をすることができる者である
ことを追加する（同法第9条）」と規定した。附帯決議において「自分から声を上
げられない子どもの権利を保障するため，子どもの権利擁護に係る第三者機関の
設置を含めた実効的な方策を検討すること」ともされた。

　「ビジョン」においても「担当のソーシャルワーカーが特定した代替養育の場
が子どもにとって必要かつ適切なものであるか否かについて聴取されるべき」と
し，さらに「定期的に意見を傾聴し，意見表明支援や代弁をする訪問アドボカシ

＊　日本弁護士連合会「国際人権ライブラリー」『子どもの権利条約 条約機関の一般的意見』12号・
　　パラグラフ11，2009
＊＊　同上，パラグラフ20
　　https://www.nichibenren.or.jp/activity/international/library/human_rights.html#child

一支援などが可能になる子どもの権利擁護事業や機関を創設することが必要である」*と提案している。

　2022年児童福祉法改正においては，子どもの意見聴取などの仕組みを整備することが盛り込まれ「子どもアドボケイト（**意見表明等支援員**）」が制度化されつつあり，研修の実施や施設で暮らす子どもたちの話を聴きに行くなどの具体的な活動も開始されている。「被措置児童等虐待防止」という側面からだけでなくより積極的に社会的養護の質を高めるため，アドボカシーサービスについて具体的な展開が注目される。

4.　児童虐待と社会的排除

　ここ数年の状況として，社会的養護の場から出た後の子どもたちへの支援について着目されるようになってきている。社会的養護の場を離れた後にどのような困難があるのか，2001年より，「当事者」からの発信がなされるようになったことも非常に大きい。最初に活動を開始した大阪府の「CVV（Children's Views & Voices）」は社会的養護の当事者の傾向として「いつでも転げ落ちる可能性がある」「相談の段階にまでたどり着けない困難」「相談を継続することが困難」をあげている**。

　社会的養護の措置解除後の子どもたちの生活実態分析においては，同じ年齢層に比べて18〜19倍の生活保護受給率であり，医療や司法，社会福祉サービスが必要な者も少なくないことが明らかになっている***。さらに，今まで少年院の調査などから被虐待体験と非行の関連が深いことは度々指摘されてきたが，近年は一部の発達障害のある子どもに虐待という負荷がかかると，極めて高率に非行につながっていくことも見出されている****。刑事施設における調査でも，被虐待

*　厚生労働省「新しい社会的養育ビジョン」，2017，p.37，45
**　Children's Views & Voices・長瀬正子『社会的養護の当事者支援ガイドブック―CVVの相談支援』Children's Views & Voices，2015，pp.30-48
***　永野咲・有村大士「社会的養護措置解除後の生活実態とデプリベーション―二次分析による仮説生成と一次データからの示唆」『社会福祉学』54（4），2014，pp.28-40
****　杉山登志郎『発達障害のいま』講談社，2011，pp.110-112，140-141

歴のある人の割合は非常に高い＊。

　児童虐待は，社会の根幹にかかわる問題でもある。児童虐待によって生じる社会的なコストについては，2012年度において1.6兆円であり東日本大震災における被害額1.9兆円に近いことも明らかにされた。この社会的コストとは，①虐待に対応する児童相談所や市町村の費用，子どもの保護にかかわる費用などの直接費用と，②虐待の影響が長期的にもたらす生産性（自殺による損失，精神疾患にかかる医療費，学力低下による賃金への影響，生活保護受給費，反社会的な行為による社会の負担など）の間接費用の２つに分けて示されている＊＊。

　生活困窮に陥ったりアディクションの問題を抱えていたり犯罪を犯してしまったような場合，社会は排除する傾向が強い。「自己責任」とされがちであり，時には罰せられる対象ともなる。このような，社会的養護が必要だった子ども期に見過ごされ，大人になってから「支援につながることがより困難であり，より支援を必要としている」＊＊＊人々を排除せず，どのように包摂していくかということが今後の課題である。

　先述した小児期逆境体験に関する研究からは，近年は**トラウマインフォームドケア**という手法が提唱されるようになってきている。これは，「トラウマの影響を理解した対応に基づき，被害者や支援者の身体，心理，情緒の安全を重視する。また，被害者がコントロール感やエンパワメントを回復する契機を見出すストレングスに基づいた取り組み」＊＊＊＊と定義される。本人が語れず，周囲からも見えにくい子ども期に体験したトラウマの心身への影響を理解した上で，「この方にはトラウマの体験があり，言動にはその影響があるのではないか」という見立て

＊　小島まな美ほか「女子受刑者の処遇に関する研究について—主に教育・分類の観点から」『刑政』123（5），2012，pp.70-79　全国の女子刑事施設8庁及びA・B指標の男子刑事施設2庁での調査で，身体的暴力経験者が女子約7割，男子5割以下，性的暴力経験者が女子半数弱，男子1割以下である。
＊＊　町野朔「児童虐待防止システムの総合的検討—児童虐待の防止と児童の保護」（科学研究費助成事業研究成果報告書），2010-2014
　　大久保真紀「子ども虐待，社会的損失は年1.6兆円　家庭総研まとめ」（2013年12月9日），朝日新聞デジタル
＊＊＊　渡井隆行「児童養護施設出身者による活動」『第70回全国児童養護施設長研究協議会記念誌』，2017，p.64
＊＊＊＊　野坂祐子，前掲書，pp.84-85

をもってケアに取り組むことが，本人を尊重したかかわりや周囲の支援者の安全にとって重要なのである。

　これから児童虐待に取り組む際には，「今目の前にいる子どもと家族への支援」というミクロな視点とともに，子ども期に虐待を受けた方々が大人になったときにも「排除されずに人として回復していける社会」をどのようにつくったら良いのかというマクロな視点も同時に必要である。

Ⅱ　施設の運営管理
児童福祉施設のシステム

〈施設運営の基礎知識 1〉 入所の仕組みと施設運営の費用
負担方式の変化

　子どもたちが児童福祉施設に入所する仕組みには，利用契約制度と措置制度の2通りがある。

（1）利用契約制度

　利用契約制度とは，子どもがどのような福祉サービスを受けるかを保護者が決め，施設と契約を結ぶ仕組みである。児童福祉施設の中では保育所が利用制度の代表的な施設であるが，社会的養護に関する施設においては児童発達センターや障害児入所施設が該当する。

　保護者は施設の情報を集めてどの施設が良いかを選び，負担能力に応じてサービスの利用料を支払う。利用者の意向を尊重し利用者に選択されるために，施設には，提供するサービスの質を向上させたり適切に情報を公開していく努力が不可欠となる。

（2）　措置費の仕組み

　措置制度とは，行政が，法令に基づいて子どもに対する福祉サービスの内容を決定する仕組みである。ほとんどの社会福祉サービスが2000年の「社会福祉基礎構造改革」以降利用契約制度に移行したが，社会的養護の施設においては，虐待等の事態に対応するために措置制度が残されている。乳児院や児童養護施設，児童心理治療施設，児童自立支援施設への入所が，措置制度による「行政処分」として行われる。具体的には児童相談所が「措置権」を行使する。虐待等の事態においては，保護者が子どもの利益のために施設利用を選択する例はほとんどない。時には親権に対抗してでも，国が子どもの権利を守るために措置制度は必要とされている。前述したように，障害児の施設は利用契約制度が主であるが，虐待等の理由があった場合は，措置制度での入所となる。

　措置制度は，国の責任を明確にし，子どもの権利を守るための最終手段ともいえるものだが課題もある。子ども自身が施設を選ぶことができなかったり，定員

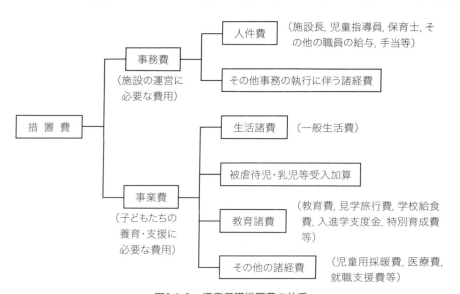

図14-1　児童保護措置費の体系
（厚生労働省「児童福祉法による児童入所施設措置費の国庫負担金について」より作成）

に応じて措置費が支払われるため，サービスの質向上に関する施設側の動機づけ
が弱くなりやすい。またサービスを受ける側が「お世話になっている」と感じ，
サービスを提供する側と対等な関係になりにくい場合もある。そのため措置制度
において，サービスの透明性や質を保証し，サービスを受ける側と提供する側と
の対等性を確保するため，社会福祉法における「権利擁護のしくみ」がより重要
となってくる。

　措置費の仕組みにおいては，行政機関が費用を直接施設に支払う。その上で，
施設に措置された子どもの保護者から，収入に応じて負担額を行政機関が徴収す
る。措置費は，子どもの生活費，さまざまな加算，教育費，医療費等のための
「事業費」，および職員の人件費や施設の維持費等のための「事務費」に分かれる
（図14-1）。子どもの生活にかかわる事業費は，子どもの生活の質を確実に保証す
るために，事務費への流用は一切許されていない。「新しい社会的養育ビジョン」
においても「子どものニーズに応じた個別的ケアを提供できるよう，ケアニーズ
に応じた措置費・委託費の加算制度をできるだけ早く創設する」「同様に，障害
等ケアニーズの高い子どもにも家庭養育が行えるよう，補助制度の見直しを行
う」ことなどが提言されている。

〈施設運営の基礎知識 2〉職員の人員配置
職員配置の実態と問題点

(1) 職員配置基準の改善

　施設には被虐待児や障害のある子どもの入所が増加し，小規模な養育の場とケ
アの専門性が不可欠となっている。また地域で社会的養護の拠点となって専門性
を発揮することが求められているため，施設の形態や職員配置など，多様な側面
からの改善が重ねられている。

　「社会的養育の推進に向けて」の目標水準においては，たとえば乳児院，児童
養護施設では，表14-1の数値となっている*。

　2015年度より，配置基準向上のための予算措置が開始され，「児童福祉施設の

表14-1　職員配置基準の目標水準

	2012年度～2014年度	2015年度～ (「社会的養育の推進に向けて」の目標水準)
乳児院	看護師・保育士・児童指導員 ０・１歳児　　　1.6：1 ２歳児　　　　　2：1 ３歳児以上幼児　4：1	看護師・保育士・児童指導員 ０・１歳児　　　1.3：1 ２歳児　　　　　2：1 ３歳児以上幼児　3：1 ※ 小規模ケア加算とあわせておおむね1：1
児童養護 施設	児童指導員・保育士 ０・１歳児　　　1.6：1 ２歳児　　　　　2：1 ３歳児以上幼児　4：1 小学生以上　　　5.5：1	児童指導員・保育士 ０・１歳児　　　1.3：1 ２歳児　　　　　2：1 ３歳児以上幼児　3：1 小学生以上　　　4：1 ※ 小規模ケア加算とあわせておおむね3：1 ないし2：1相当

設備及び運営の基準」の改正も今後期待されている。

(2) 施設の実状と職員配置

　社会的養護のほとんどの施設は365日24時間運営されている。児童養護施設を例にあげると，小規模グループケアやグループホームなど，施設の生活場面での子どもの人数は６人程度であり，職員は２～３人が担当する場合が多い。単純に子どもの数を職員数で割ると職員一人当たり２～３人となるが，職員の休み，出張，会議や学校等関係機関との打ち合わせなどによって，実際に勤務に当たる職員の数は少なくなる。６人の子どもを，２人以上の職員で常時ケアすることは難しく，一人で勤務する場合が多い。都道府県の補助金制度や，施設独自の会計によって職員増員をしているのが実情である。

　社会福祉施設職員等に多いといわれる，いわゆる「バーンアウト（燃え尽き症候群）＊＊」の危険や施設内虐待の防止などの観点からも，子どもたちへの十分な

＊　こども家庭庁「社会的養育の推進に向けて」（令和５年10月）
＊＊　バーンアウトとは，まるで燃え尽きたかのように意欲を失い働けなくなる状態を指す。詳しくは，本講 p.237で解説している。

援助が可能となる体制づくりが必要である。

倫理の確立と保障

1. 子どもの権利と支援の質

　社会的養護の中で子どもの権利が守られるためにさまざまな方策が講じられてきた。以下にその経過と内容を説明する。

(1) 施設ケア基準

　1989年に国連で採択された「児童の権利に関する条約」（以下「条約」とする）においては，子どもは「権利の主体」とされている。「条約」では，「子どもの最善の利益」「意見表明権」等の重要な考え方も明示された。ほぼ同時期に，日本の児童養護施設でも，養育の内容を子どもの権利擁護の視点から見直そうという議論がなされるようになり，北海道養護施設協議会が1994年に「**北海道養護施設ケア基準**」（p.209）を公表した。「北海道養護施設ケア基準」や，各地で発覚するようになった施設内での職員による虐待を契機に，養育内容の検証が進められるようになった。

(2)「施設運営指針・里親等養育指針」および「手引書（施設運営ハンドブック）」

・養育指針

　施設の養育内容を，より明確に統一していくために，2011年度には，施設種別ごとに，「施設運営指針」「里親等養育指針」が作成された。これは，保育所における「保育所保育指針」と同等の位置づけのものである。内容は以下（p.210）のとおりである。

〈資料　北海道養護施設ケア基準〉

1. 児童の欲求に適切に応じられることが保障される。
2. 児童の意見表明の自由と表明の機会が保障される。
3. 児童の個性が正しく理解され，尊重される。
4. 児童は個別的及び集団的に，援助内容が策定され計画的に援助される。
5. 児童の望ましい発達・成長に沿った興味の展開が保障される。
6. 児童は，一貫した施設ケアが保障される。
7. 児童は，親子関係の継続と改善・回復のための援助が保障される。
8. 児童の自主性は尊重される。
9. 児童のプライバシーが保障される。
10. 児童は，一切の偏見と差別から護られる。
11. 児童は，一切の体罰から護られる。
12. 児童は，あらゆる暴力，虐待，脅威，排斥，孤立，窃盗，の被害から護られる。
13. 児童は，あらゆる危険からの回避について学ぶ機会が与えられる。
14. 児童は，健康を害する環境から護られる。
15. 児童に関する秘密は護られる。
16. 児童は，基礎学力習得の機会が等しく与えられる。
17. 児童は，進路選択のための学習機会が与えられる。
18. 児童は，進路選択の自由が保障される。
19. 善き市民として要求される社会的規範を学び，習得する機会が保障される。
20. 児童は，発達に応じた必要な生活知識，生活技術を習得する機会が保障される。
21. 児童は，良質な文化に触れる豊かな環境と機会が与えられる。
22. 児童は，個々の状況に応じリービング・ケアが保障される。
23. 児童への援助方針・方法・経過について本人および保護者の請求により本人に開示される。
24. 生活日課，生活ルールの設定・変更は児童の意見を聴取して行われる。
25. 行事・招待の参加は児童の希望が尊重される。
26. 児童の望ましい社会関係形成は保障される。
27. 児童の呼称について児童の希望に基づくものでなければならない。
28. 児童の叱責にあたっては児童の説明を先に求められる。
29. 児童の嗜好について，児童の意見を聴取し，献立に反映される。
30. 児童は，必要な医療，治療を受ける機会が保障される。

（北海道養護施設協議会「北海道養護施設ケア基準」1994）

第Ⅰ部　総論

　社会的養護の基本理念と原理，施設の役割，対象児童，養育等のあり方の基本，将来像等

第Ⅱ部　各論

　第三者評価基準の評価項目に対応。各指針は目指すべき方向であり，第三者評価のA評価の内容に対応している。

・ハンドブック

　施設間や里親，ファミリーホーム間の取り組みの差が大きいことから，「養育指針」をより深めた，施設ごとに蓄積されている実践的な技術や知恵を集約した手引書（指針の解説書）が作成されている。乳児院，児童養護施設，児童心理治療施設，児童自立支援施設，母子生活支援施設について，それぞれの手引書が公開されている。

（3）子どもの権利ノート

　入所している子どもたちに自らの「権利」について理解してもらうため，「**子どもの権利ノート**」が初めて作成されたのは，1995年大阪府においてである。きっかけは，1986年にカナダのトロントで発行された「里親で生活する児童とティーンエイジャーのための手引き」の翻訳であった。

　現在は各自治体などで発行されている，施設に入所したり里親に委託されている子どもたちへの「権利ノート」には，日々の生活の中で保障されるべき権利の内容やお互いを尊重するための約束事について，わかりやすく説明されている。発行者により，「権利」と「義務」の取り上げ方や，具体的な内容に多少のニュアンスの差があるが，どの「権利ノート」も，子どもに対しては自分の権利を大切にするという意識を高め，施設に対しては自らの実践を確認するという点で意味がある。

　基本的には，子どもが児童相談所から，施設や里親に措置・委託されるときに，児童福祉司から説明を受けて手渡されることになっている。「権利ノート」の中には，担当の児童福祉司や外部の子どもの権利擁護機関などへの連絡先も明記されている。

（鳥取県「こどもの権利ノート―施設で生活するってどんなこと？（令和3年4月改訂版）」（小学生版）より抜粋）

　過去には，子ども自身が「権利ノート」を読んで通報し施設内虐待が発覚した事例もあるが，子どもが「権利ノート」の意味について十分理解していなかったり，施設全体に子どもの通報を妨げる雰囲気があったりすると，十分に機能しない場合も考えられる。「権利ノート」はほぼすべての自治体で作成されているが，活用には課題が多いことも指摘されている＊。職員や里親とともに読み返し，一緒に権利について考え，確認をしていくプロセスが重要である。

（4）苦情解決

　社会福祉法第82条において，施設経営者は，「利用者等からの苦情の適切な解決に努めなければならない」と規定された。この法律に基づいて社会的養護の施

＊　長瀬正子「全国の児童養護施設における『子どもの権利ノート』の現在―改訂および改定の動向に焦点をあてて」『社会福祉学部論集』12, 2016, pp.73-92

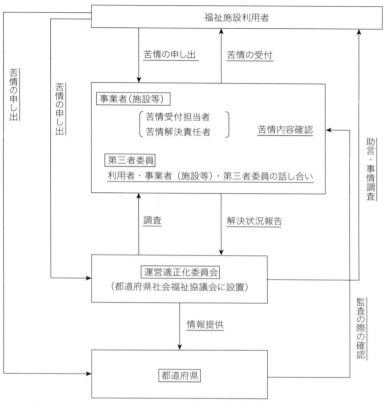

・社会福祉事業の経営者による福祉サービスに関する苦情解決の仕組みの指針について（平成12年6月7日障第452号・社援第1352号・老発第514号・児発第575号，厚生省大臣官房障害保健福祉部長・社会・援護・老人保健福祉・児童家庭局長連名通知）により作図した。
・苦情の申し出は施設利用者本人だけでなく，家族や関係者も行うことができる。
・都道府県は，苦情申し出を受けた場合，事業者（施設）に解決させる，運営適正化委員会に知らせる，直接監査する，の中から適切な方法で対応する。

図14-2　苦情解決の仕組みの概念図

設においても「苦情解決の仕組み」を設置している。「苦情解決の仕組み」は図14-2のような内容となっている。

　苦情解決の仕組みの制度では，事業者（施設等）*に**苦情受付担当者**（施設職員

---

* 苦情解決の仕組みをつくったり第三者評価の契約をしたりするものは施設とは限らず運営している法人の場合等があるため，ここでは事業者（施設等）とした。

が担当する）および**苦情解決責任者**（施設長などが担当する）を置くことになっている。社会的養護の施設においても、子どもが苦情受付担当者や苦情解決責任者に直接申し出るだけでなく、施設内に設置された「意見箱」に苦情内容を書いて入れることもできる。また、外部の委員として**第三者委員**を事業者（施設等）が選任する。利用者が苦情受付担当者を通じて苦情の申し出を事業者（施設等）に行うと、事業者（施設等）はそれを受け付ける。そして、本人が拒否しない限り第三者委員が施設と利用者の間に立って三者で話し合いをもつことになる。利用者がその話し合いで納得しない場合、または事業者（施設等）に苦情を言えない場合は都道府県社会福祉協議会に設置されている**運営適正化委員会**または都道府県に直接申し出ることができるようになっている。

　施設運営においては、施設と子ども、その家族との間に信頼関係があり、施設の運営やケアの内容、方針に関して子どもや家族にわかりやすく十分に説明するという施設の**説明責任（アカウンタビリティ）**を果たすことが基本である。また日頃から子どもや家族の意見を十分聴き取り、運営に反映させていくことも大切である。

　一方、施設運営においては「苦情」が少なければ良いということではなく、「苦情解決の仕組み」が子どもや家族に周知され、外部の存在である第三者委員を含めて活用できることが求められる。施設によっては、第三者委員が、特別に苦情解決の必要があるとき以外にも施設に出入りし、子どもたちと顔を合わせて関係性をつくる努力をしているところがある。「苦情解決の仕組み」が有効に機能するためには、子どもが意見や希望を言いやすい環境が大切である。

（5）第三者評価への取り組み

　社会福祉法第78条には、施設がその設置目的に沿って適正に運営されているか評価を行わなければならないと規定されている。施設はこの条文に基づいて直接利害関係のない第三者機関によって、評価を受けることを原則にしている。

　2012年度から、「施設運営指針」を踏まえて毎年実施する自己評価、および3年に1度以上の「社会的養護関係施設第三者評価」の受審が義務化された。社会的養護の施設は措置制度による入所（p.131）が主となり、子どもが施設を選択す

るのは現実的に難しいこと，および施設長の親権代行規定があるためである。

　社会的養護関係施設の第三者評価は，子どもの最善の利益の実現のために施設
運営の質の向上を図ることを趣旨として実施されるものであり，他の社会福祉施
設よりも厳密であるため特別の条件が規定されている。「評価基準」については
より良いものとするため，3年ごとに見直されている。

表14-2　社会的養護関係施設についての第三者評価の仕組み

	社会福祉事業共通	社会的養護関係施設
受審	規定なし（任意）	3か年度に1回以上受審しなければならない
評価基準	都道府県推進組織が策定	全国共通（ただし都道府県推進組織が独自に策定することも可能）
利用者調査	実施するよう努める	実施する
結果公表	公表について事業所の同意を得ていない場合は公表しない	全国推進組織が評価機関から報告を受け，公表する，都道府県推進組織でも重ねて公表可
自己評価	規定なし（任意）	毎年度，すべての職員が参加して行わなければならない

（厚生労働省「社会的養育の推進に向けて」（平成29年12月），p.54より作成）

（6）倫理綱領

　子どもの権利擁護のために，各施設ごとに「倫理綱領」も策定されている。こ
れは施設の役員，施設長，職員等が，子どもの養育にかかわるすべての法令を遵
守し，子どもを尊重した養育をするために守るべき内容となっている。

〈資料　全国母子生活支援施設協議会倫理綱領〉

全国母子生活支援施設協議会倫理綱領

社会福祉法人 全国社会福祉協議会
全国母子生活支援施設協議会

　母子生活支援施設に携わるすべての役員・職員（以下，「私たち」という。）は，母と子の権利擁護と生活の拠点として，子どもを育み，子どもが育つことを保障し，安定した生活の営みを支えます。
　そのために私たちは，母と子の主体性を尊重した自立への歩みを支えるとともに，常に職員の研鑽と資質向上に励み，公正で公平な施設運営を心がけ，母と子および地域社会から信頼される施設として支援を行うことをめざします。

〈基本理念〉
1.私たちは，母と子の権利と尊厳を擁護します。
〈パートナーシップ〉
2.私たちは，母と子の願いや要望を受けとめ，安心・安全な環境の中で，母と子の生活課題への取り組みを支援し，安定した生活の営みを形成することをめざします。
〈自立支援〉
3.私たちは，母と子の自立に向けた考えを尊重し，その歩みをともにしながら，母と子を支えることをめざします。
〈人権侵害防止〉
4.私たちは，法令を遵守し，母と子への人権侵害を許しません。
〈運営・資質の向上〉
5.私たちは，母と子への最適な支援と，よりよい施設運営をめざすとともに，自己点検をはかり，職員自身も自らを見つめ直し，専門性の向上に努めます。
〈アフターケア〉
6.私たちは，母と子の退所後をインケアからアフターケアをつなぐため，退所計画を作成し，アウトリーチするとともに，地域の社会資源を組み込んだネットワークによる切れ目のない支援を提供することをめざします。
〈地域と協働〉
7.私たちは，関係機関や団体とネットワーク形成を図りながら，資源の開発や創生による子育て支援地域づくりを進め，ひとり親家庭のニーズに合わせた展開をすることをめざします。

平成19年 4 月25日 制定
平成29年 5 月12日 改定

（全国社会福祉協議会「分野別の取り組み 社会福祉法人・福祉施設 倫理綱領」https://www.shakyo.or.jp/bunya/houjin/riyousha/index.html）

2. 人間としての権利を実現する

入所施設が人間としての権利を実現する場となっていくための制度として，第三者評価と苦情解決の仕組みがある。その基本は前述したとおりであるが，実際の運用はそれぞれに工夫が加えられている。その実例を紹介しよう。

（1）第三者評価事業の実例

第三者評価を受審したある児童養護施設の様子を見てみよう。

事業者（施設等）が第三者評価事業を申し込むとまず，評価機関によって施設と子どもに対して事前にアンケート調査が実施される。それに基づいて３人の第三者評価者が第１回目の施設訪問をして現地調査を行った。現地調査は，計画書や記録等の書類を確認したり，職員や子どもに聞き取りをしたり，という多面的なものである。現地調査の結果，いくつかの改善が必要な点を除いて総体的には良好な養護がなされていると評価された。

この施設において改善が必要な点として，子どもたちからは，「幼児が同じホームにいるので，職員が手を取られゆっくり話す時間が少ない。学校のことなどもっと相談する時間がほしい」「施設の中の掃除がときどきできていないことがある。きれいにしてほしい」「キャンプに行くとき，中学生同士でもっと話し合ってから決めたい」などの意見があった。また評価調査者が確認をしたところ，子どもの「自立支援計画」を作成するときに，子どもと十分な話し合いがもたれていなかったため，子どもたちが自分の生活の見通しについて考える機会が少ないことなどもわかった。

第三者評価では子どもたちから「食事はおいしく楽しく食べられているか」「職員の日常の声かけや態度などはどうか」「（「権利ノート」を使って）自分の権利について教えてくれる機会はあるか」「子ども同士のトラブルがあったとき，適切に対応してくれるか」などについても聞くようになっている。この施設では７割くらいの子どもたちが「食事の時間は楽しい」「おいしい」と答えていた。

　子どもたちの回答を含めて第三者評価の結果は，施設内に掲示された。インターネット上でも公開されている。

（2）苦情解決の実例

　苦情解決の仕組みについて施設における具体的な展開について紹介しよう。

　ある障害児の入所施設では，苦情解決責任者（施設長）と苦情受付担当者（主任）の他に，第三者委員を，民生児童委員や特別支援学校の元校長，大学教員等３名に依頼している。入所している子どもたちは直接苦情を言うことは少なく，保護者からの苦情を受け付けることが多くなっている。

　この施設では，玄関の脇に意見箱がある。事務所からは見えない位置であり，意見が入れやすいように配慮されている。また第三者委員の氏名や連絡先，顔写真も掲示されており，直接連絡することもできるようになっている。第三者委員は，それぞれが毎月施設を訪ねて，子どもたちにも顔を覚えてもらう努力もしている。

　あるとき，保護者から「お正月の帰宅のときに，子どもが施設から履いてきた靴が古びたものだった。家族や親戚にも会うので，もう少し配慮してほしい」という苦情が意見箱に寄せられた。施設長は，職員会議でも苦情の内容を共有し，毎日子どもたちの生活面でのケアを行っている職員たちと協議をした。職員からは，「子どもたちの生活が，施設と学校の往復だけになりがちで，洋服や靴に意識が回りにくかった。家族の方からすれば，お正月なのに子どもが古びた靴で親戚や地域の人に会うことが残念だったのでしょう。帰宅時の洋服や靴にはもっと注意を払いましょう」ということになった。日頃から「よそ行きの靴」「よそ行きの服」を整え，帰宅に備えるようにした。

Ⅳ　被措置児童等の虐待防止

1. 職員による不適切なかかわり

　虐待は「家族」の中の問題だけではなく，大人と子どもとの「力関係の不均衡」から生じてくる「人間としての権利」の侵害である。「条約」第19条では，「児童が父母，法定保護者又は児童を監護する他の者による監護を受けている間において，あらゆる形態の身体的若しくは精神的な暴力，傷害若しくは虐待，放置若しくは怠慢な取扱い，不当な取扱い又は搾取（性的虐待を含む。）からその児童を保護する」ことが規定されており，家庭内だけでなく，施設養護においても職員による不適切なかかわりや虐待について考える必要がある。ただ単に職員のどういう具体的行為が禁止されるべきか，ということだけでなく，施設における大人と子どもとの根底的な「関係」がどのようなものなのか，まず十分に検討していかなければならない。たとえば表面的に「**体罰**」や「**暴言**」等を禁止しても，職員が子どもに対して支配的な関係であれば，体罰や暴言という形ではなくても子どもの権利侵害が生じてくるだろう。

　親との「虐待関係」，すなわち不適切な抑圧や支配の関係にあった子どもたちにとっては，施設内では大人との別な新しい関係を体験しなおすことが必要である。子ども自身の主体性が大切にされ，管理・支配されずに，大人と人格的には「対等」な存在として尊重されていくことが大切になってくるのである。

　以前は民法の親権の内容として「懲戒権」があり，親権を代行する施設長にも同じような権限があると見なされ，それを理由に不適切な養護がなされていた例もいくつかあった。しかし，「力のある者」が相手を「懲らしめ戒める」という意味での「懲戒」という考え方で虐待を受けた子どもに接すること自体が「**人間としての権利**」**を侵害した行為**となる。虐待を受けた子どもについては，「悪いことをした場合懲罰を与える」ということでは根本的に行動を変化させたり，回

復させたりしていくことはできない。

2. 被措置児童等の虐待防止の施策等

(1) 児童福祉法の改正

　児童福祉法では，施設長は教育上必要であれば，「懲らしめ戒める」ことができるとされていた。施設内で不適切な養育がなされていた場合も，「施設長の懲戒権」がそれを正当化するために引用されてきた事態に対して，施設長の「懲戒に係る権限の濫用禁止」規程が定められた。

> ・児童福祉施設最低基準　第9条の3　―1998年
> 　「児童福祉施設の長は，入所中の子どもに対して…身体的苦痛や人格を辱める等その権限を濫用してはならない」
> ・児童福祉施設最低基準　第9条の2　―2004年改正
> 　「児童福祉施設の職員は，入所中の児童に対し，児童虐待の防止等に関する法律（平成12年法律第82号）第2条各号に掲げる行為その他当該児童の心身に有害な影響を与える行為をしてはならない」

　しかしその後も社会的養護施設における虐待等の事件が続いたため，2008年，児童福祉法（第2章第7節）に「**被措置児童等虐待の防止**」の規定が置かれるに至った。「被措置児童等虐待の防止等」の規定においては，「施設職員等」が「被措置児童等」に，以下の虐待をすることが禁止される。この場合「被措置児童」には社会的養護施設や里親に措置された子ども以外に，一時保護所に入所している子どもも含まれる。

・児童福祉法第 2 章第 7 節　第33条の10
①被措置児童等の身体に外傷が生じ，又は生じるおそれのある暴行を加えること。
②被措置児童等にわいせつな行為をすること又は被措置児童等をしてわいせつな行為をさせること。
③被措置児童等の心身の正常な発達を妨げるような著しい減食又は長時間の放置，同居人若しくは生活を共にする他の児童による前二号又は次号に掲げる行為の放置その他の施設職員等としての養育又は業務を著しく怠ること。
④被措置児童等に対する著しい暴言又は著しく拒絶的な対応その他の被措置児童等に著しい心理的外傷を与える言動を行うこと。

　さらに被措置児童等虐待を受けたと思われる児童を発見した者への通告義務の規定が置かれた。
　2022年の民法改正においては，「子の人格の尊重」（第821条）として，親権を行う者は「監護及び教育をするに当たっては，子の人格を尊重するとともに，その年齢及び発達の程度に配慮しなければならず，かつ，体罰その他の子の心身の健全な発達に有害な影響を及ぼす言動をしてはならない」と規定され，懲戒権が削除された。
　児童福祉法第47条において児童福祉施設の長や里親等は，「監護，教育及び懲戒に関し，その児童の福祉のため必要な措置をとることができる。ただし，体罰を加えることはできない」とあったが，民法改正に合わせて児童福祉法も同様の内容に改正された（児童福祉法第47条第 3 項）。児童虐待防止法第14条にも同じ趣旨の条文が置かれた。

(2) 被措置児童等虐待対応ガイドライン

　2008年の児童福祉法改正を受けて，**被措置児童等虐待対応ガイドライン**」が作成された。都道府県，政令指定都市，児童相談所設置市が準拠すべきものとして作成されたのが「被措置児童等虐待対応ガイドライン（以下「ガイドライン」と略）」である。各都道府県は個別の「ガイドライン」をさらにこれに沿って策定し，

> 《「ガイドライン」の基本的視点》
> ①虐待を予防するための取り組み
> ②被措置児童等が意思を表明できる仕組み
> ③施設における組織運営体制の整備
> ④発生予防から虐待を受けた児童の保護，安定した生活の確保までの継続し
> 　た支援
> 《留意点》
> ①被措置児童等の安全確保のための優先・迅速な対応
> ②都道府県の組織的な対応・関係機関との連携

虐待の届出等の状況と対応結果については，毎年公表されている。

　虐待などの理由によって社会的養護の場で保護されている子どもたちが，再度施設や里親家庭で虐待を受けることはあってはならない。今後は，従来からあるさまざまな資源，たとえば「苦情解決のしくみ」や「子どもの権利ノート」等の活用も含め，社会的養護施設等に入所した子どもたちを守るための方法をさらに具体化することが大きな課題である。

3. 施設内における不適切なかかわりの予防

(1) 被措置児童等虐待の現状と対応

　被措置児童等虐待の「届出・通告受理件数総数」は，表14-3のとおりである。調査結果のうちの2～3割に虐待の事実が認められている。年度ごとの相違は

表14-3　被措置児童等虐待の届出・通告受理件数総数

2013年度	2014年度	2015年度	2016年度	2017年度	2018年度	2019年度	2020年度
288 (29.0%)	220 (27.4%)	233 (34.7%)	255 (32.1%)	277 (32.9%)	246 (33.3%)	290 (30.6%)	389 (31.3%)

(括弧内は虐待として認定された割合)

あるが，それぞれ，子ども自身からの通告が全体の2〜4割近くであり，虐待の内容については，身体的虐待が5〜7割，心理的虐待や性虐待も多いことが特徴的である＊。

　被措置児童等虐待の事例分析においては，「ガイドライン」が策定された当初は「施設」内での虐待発生を想定した内容となっていることが指摘されており，里親やファミリーホームでの虐待発生予防が「喫緊の課題」とされている。また通告された事案について「虐待と認められた数」は自治体によってかなり差があり，見落としの可能性もある。発見や通告，対応のあり方について具体的な調査が必要であるとされている＊＊。

　「条約」第25条では，「児童の身体又は精神の養護，保護又は治療を目的として権限のある当局によって収容された児童に対する処遇及びその収容に関連する他のすべての状況に関する定期的な審査が行われることについての児童の権利を認める」ことを規定している。**国連子どもの権利委員会**においては，子どもの人権擁護のために適切な基準による「定期審査」と独立した「監視機構」の必要性が指摘されている。現在は，自立支援計画が児童相談所と連携して作成されていたり，第三者評価や施設ごとに設置される苦情解決の仕組み，各自治体社会福祉協議会内にある運営適正化委員会＊＊＊など，施設内へのチェック機能をもつ機関が設置されているが，有効に機能するための方策がさらに検討されなければならない。施設全体で研修や労働環境の改善，職員のサポート体制のあり方を含めた防止策を検討していく必要がある。「被措置児童等虐待対応ガイドライン」の規定により，施設の組織力の向上のために，2009年度より自立支援計画の作成・進行管理，職員の指導等を行う「基幹的職員（スーパーバイザー）」の配置が進められ

＊　厚生労働省「被措置児童等虐待届出等制度の実施状況について」を参照。
　http：//www.mhlw.go.jp/stf/seisakunitsuite/bunya/kodomo/kodomo_kosodate/syakaiteki_yougo/04.html
＊＊　厚生労働省／社会保障審議会児童部会社会的養護専門委員会・被措置児童等虐待事例の分析に関するワーキンググループ「被措置児童等虐待事例の分析に関する報告」（平成28年3月），pp.33-34，p.52
＊＊＊　都道府県社会福祉協議会に社会福祉事業をよりよくする目的をもつ第三者機関として設置されている。被措置児童や福祉サービス利用児・者が事業者に対して直接言いづらい，意見・要望・苦情などの相談を受け，解決に向けて助言や調査，あっせんを行ったり業者への指導をしたりしている。

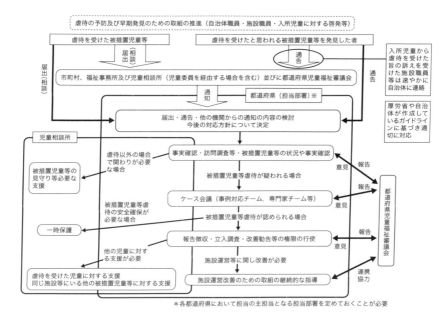

図14-3　被措置児童等に対する虐待への対応の流れ（イメージ）

（厚生労働省「社会的養育の推進に向けて」（平成29年12月），p.66）

ている。その他，以下のような対策も有効である。

① 個別的研修（スーパーバイズ体制）

利用者へのかかわりについてのアドバイスを外部の専門家（現場経験のある専門家，精神科医，児童のカウンセラーなど）から受ける。

② 施設内研修

外部から福祉，教育，医療関係の専門家を招いて研修会を開く。

③ 外部研修会

各種の研修会に職員を参加させて，養護技術の向上に努める。

参加者は職員会議などで研修結果を報告し，その成果を分かち合う。

（2）被措置児童等虐待防止のための留意点

福祉の援助において，援助する側とされる側との間には力関係が発生しやすい。

信田は「放っておくと援助者は『上』になってしまう」*ことを指摘しているが，そうすると無意識ではあっても，子どもを支配する傾向が生じてきたり，相手からの感謝を期待したりしてしまうことがある。その場合子どもが職員の思うように変わっていかなかったり，子どもが職員を傷つけるような言動をとったとき，職員が自分は専門職であるということを忘れ，個人的な怒りを子どもに感じ，不適切な対応をとってしまうことに注意が必要である。

　子どもへの対応方法を考えるとき，いかなる場合も，子どもの心身に苦痛を与える方法でかかわってはいけないという専門職としての基本姿勢が重要になってくる。職員が子どもに対して怒りなどの養育の妨げとなるような感情をもってしまうとすれば，その感情を吟味したり，コントロールできるような方法を身につけていることが必要になる。

① 子どもの言動の原因を正しく理解する。たとえば職員を傷つける言葉を聞いたとき，その子どもが親からその傷つける言葉を聞き続けていたと知れば受けとめやすいといえる。

② 職員の感情が深く傷ついたと思うとき，ひと呼吸おくかその場を離れて冷静に対処できるように気持ちを整える。

③ 職場での喜びや苦痛を発散する方法をもっていて，ストレスをためない工夫をする（この場合，誰かに話をしてストレスを解消しようとするときは，個人情報の取り扱いに十分注意することが必要である）。

④ 処遇に行き詰まりを感じたようなときは職場の仲間に相談したり，積極的に職場のケース研究会に提出したりして解決方法を検討してもらう。

⑤ 行き過ぎた言動とならないために，職場内で相互にその言動を検討する職場環境をつくる。

⑥ 「親代わり」「擬似家庭」という意識を捨て，第三者機関を積極的に施設内に受け入れることにより，適切な処遇体制づくりをする。

　被措置児童等虐待には，その事実を明らかにすることを阻む理由がいくつかある。従来，福祉の働きは善意によるもので，問題が起こるはずがない，その人の

---

* 信田さよ子『アディクションアプローチ—もうひとつの家族援助論』医学書院，1999，p.136

善意を疑ってはいけないという前提が根深くあった。

　家庭内の虐待でもそうであったが，親は子どもを愛するはずで，虐待などありえないという「前提」を外すことから，虐待問題の表面化は始まったといっても良い。親が子どもを虐待する，あるいは善意の人で専門家であるはずの職員が施設内で逃げようのない子どもを傷つけてしまう。本来，「マイナスからの回復を支援する」ことが必要な場面でまたマイナスのかかわりをしているのであるが，それを問題として認めることがそもそも難しいだけでなく，解決も非常に難しいのである。だからこそ「あるはずがない」と否認され，隠されていくという悪循環に陥ることを常に自戒しなければならない。

　また被措置児童等虐待は，職員個人の問題のみに起因しているのではなく，職員間のチームワークの状況も深く関与している。職員同士がお互いに支え合い率直に意見交換し，抱え込みや独断等の発生を防いでいくことが大切である。

V　社会的養護と地域福祉

1. 子どもの成長と地域

　子どもの成長には，社会資源を提供する近隣のネットワークが必要である。普段から近所の世話をするゆとりがある家庭の子どもは，近隣のネットワークにつながり，**社会資源**＊を多くもつが，家庭の潜在力が弱い子どもは社会資源にアクセスしにくい。子どもが暮らす近隣の環境は決して平等ではなく，家庭のあり方から影響を受けているのである。

　対照的な例をあげてみよう。

＊ 生活していくのに役立つ，人，お金，制度，組織，団体などすべてのものを指す。

　　小学生をもつある家庭では母親が病気になり，しばらくの間，入院が必要になった。父親は，帰りがいつも7時頃である。この母親は，いままでは子ども会の役員や，地域のスポーツクラブの世話役をやっていた。そのようなわけで近隣には，友人や以前母親に世話になった家庭が多い。そこで，その家庭が交替で，下校後父親が帰るまでの子どもの居場所になった。

　このようなことは，母親が日頃から，近所づきあいができない状態ではありえないことであろう。しかし，常日頃近所づきあいをするには，生活のゆとりや，親の社交性が必要になる。どの家庭でもできることではない。
　別の家庭の例を見てみよう。

　　ここは野球チームやサッカーチームの活動，地域交流が盛んなことで有名な地域である。チームの練習日には，親が交替でおやつやお茶の用意をしたり，当番で練習場の予約をしたりする。しかし，Fくんの家庭は，母親が病気で入院している。Fくんの父親は仕事に忙しく，家事に疲れているので，当番や練習の手伝いはできない。親が手伝えないFくんは，野球チームやサッカーチームに入会できない。地域の子ども会も親が当番を引き受けられないので，退会した。他の子どもたちや家族は，野球チームやサッカーチームの活動を通じて家族ぐるみの連帯感を強めている。しかし，そのような理由で，Fくんは，このごろでは地域に友だちもおらず，気に掛けてくれる大人もいない状態である。

　このように地域にいろいろな活動があっても，家庭の状態により，受け入れられたり，そうでなかったりすることは，ありがちである。
　子どもが暮らす環境は決して平等ではなく，家庭のあり方から影響を受けていることがわかる。
　また，子どもや家族に問題があるとされた家庭も，近隣社会から排除される傾向がある。「あの子と遊んではいけません」「親は何をしているの！」「あんな家の子とは付き合わないほうがいい」などである。それが親を追い詰め，親子関係をさらにぎくしゃくさせ，子どもは家庭の中での居場所をなくし，問題をさらに

大きくすることにつながったりする。このようになる前に，誰もが受け入れられるような近隣のネットワーク（助け合いの関係）をつくることも保育士の仕事である。

2.　地域における児童虐待と社会的養護

　虐待は社会から孤立した場面で発生する傾向が見られる。それゆえ近隣から孤立している家族がさらに孤立しないために，必要なときに施設を利用できるようにすることが虐待の予防に求められるのである。たとえば家族や知人などに協力してくれる人がなく，親の入院に対応できない場合に施設を利用することができれば，しばらくの間，児童養護施設のショートステイで子どもが安心して暮らすことができる。それにより，親が退院した後の生活もスムーズになる。また，気軽に相談できる場があり，いつでも子どもの養護を頼めるという安心感があれば，親も気持ちが楽になり，心の余裕をもって子どもに対応できる。また，子どもにとっても，親の具合が悪い場合にも適切な養護を受けられる生活の場が用意されていることが心の安定につながる。一人親家庭の場合も，時々施設を利用することで，子育てにゆとりができるであろう。そのためには，施設が近隣から理解されて利用しやすくなっていることが求められる。それとともに，施設と家庭を行き来して暮らす子どもにとっては，施設で行われている養護の基本姿勢が，一般家庭と変わらないことが必要になる。またその際には，施設養護の質は，家庭に勝るとも劣らないものであるばかりか，モデルを提供するような内容でありたい。

　居所不明児童の問題も，地域から解決の糸口を見つけたい社会的養護の課題である。出生届は出ているが，保育所や幼稚園はおろか小学校に入学すらしていない子ども，住民票の住所に住んでおらず，居所を転々としている家族で育つ子ども，DV被害などで住民票を移動せずに就学している子どもなど居所不明児童の生活のありようは多様である。行政では，居所不明児童の実態を把握すべく動いており，国としての情報把握の仕組みもつくられている。教育委員会を通じて住民票の移動が伴わないで小学校や中学校に通っている児童生徒の把握も進められている。

　居所不明の乳幼児については，乳幼児健康診査の未受診者を調査して把握につなげているが，未受診者となっている乳幼児の中には，虐待を受けている子どもや置き去りにされた子どもなどもいる。これらの子どもの虐待死などの事件が発生した後で，近隣住民が多くの情報をもっていたことがわかることがある。近隣住民の情報が事前に集約され，居所不明児童が社会的養護につながるようになることが求められる。

　施設養護の質が良いことにより，施設が近隣から認められ，頼られる存在となる。施設と近隣の関係が良いことにより，近隣の家庭も施設の機能を活用でき，地域全体の福祉機能が高まることにつながっていくであろう。そして，入所児たちも学校や近隣で受け入れられ，暮らしやすくなっていく。

3.　社会的養護と地域

（1）地域と入所児童

　介護保険制度の施行以来，高齢者のサービス利用が進み，それに伴って福祉制度利用者への差別は少なくなってきているといえるが，児童福祉施設に関しては理解が進んでいない現状がある。入所している子どもたちの中には，情緒が安定せず，学校や近隣の現状に適応できない者もいる。部外者（不審者）の排除という形で近隣社会の安全の確保が進められている近年では，子どもがいる家庭も一般住民も，少しでも問題があるとされた子どもとは，できればかかわりたくないと感じることが多い。同年代や年少の子どもをもっていればなおさらである。また，障害児に関しても，特に施設入所している場合は，一般家庭からは，「別世界の住人」というように理解されてしまうこともある。

　地域で暮らしている子どもでも，不登校になったり，事件を起こしたりすると，近隣の人から中傷されることがある。経済的な困難，家族関係の不和，家族の障害や子どもの社会不適応などという福祉課題をもつ家族は，近隣における疎外感を感じるとか，近所の人との付き合いは断絶しているという話が聞かれる。考えてみれば，入所している子どもたちにはそのような立場にある家庭で成長してき

たものが少なくない。そのような環境下にあった子どもが、自ら進んで良好な近隣関係をつくったり、近隣住民と友好的にかかわったりすることは難しいであろうことが想像できる。

　施設が子どもの後ろ盾になることで、近隣社会からの排除という経験や疎外されているというマイナス感情から子どもを保護し、自尊感情が傷つくことを予防することが求められる。

　子どもを保護し、児童福祉施設入所につなげるときは、児童相談所や保育所、民生委員・児童委員＊をはじめとする地域住民などと連携や協力をする。では、施設入所後は子どもを保護し、施設の中に囲い込んでいけば済むのであろうか。

　幼児期の子どもには、他者との対面的な関係をもつ場としての近隣が必要である。近隣社会の範囲は子どもの成長とともに広がる。小学校に入学した子どもは、友だちの家、児童館、学童クラブ、子どものグループ、子ども会などと関係をもつ。友だちやその家族、自分の親とは世代がちがう近所のおじさんやおばさん、おじいさんやおばあさんと出会った子どもは、自分の家庭とは異なる環境の中で失敗や成功の体験をしながら成長していく。少し大きくなった子どもは、さらに近隣のお店や児童館や公民館など公共施設に出入りする。このような社会資源とのかかわりや新しい場で子どもは多様な経験をするのである。

　子どもは社会関係の中で、成長・発達する。子どもの成長に必要な当たり前の近隣社会とのかかわりがなければ、年齢なりに必要な経験ができないであろうことがわかる。子どもの成長・発達する権利を守るために、児童福祉施設も、他者とかかわる場や機会を子どもに用意する必要がある。近隣社会から施設内へ保護するという視点だけから取り組んでいくと結果として、子どもの成長・発達が保障できなくなる。

　子どもの教育は学校や施設だけでできるものではない。社会の常識や習慣、人として守るべきこと、伝統行事や地域の文化、他人との付き合い方、距離のおき方の他、生活のこまごましたことなども近隣の人とのかかわりの中で身につける。

＊　民生委員は民生委員法に基づいて住人の中から選任される委員で任期は3年。児童福祉法に基づく児童委員を兼ねている。住民の生活状態の把握、相談、福祉に関する情報提供、支援体制づくりなどが主な役割である。

近隣社会とのかかわりを通じて，入所している子どもたちも，そして職員も社会化されていくのである。それは本で読むとか学校で教えるとか勉強するといったものではなく，生活の中で身についていく。このように，子どもは近隣で社会に出る練習をしながら成長するのであるから，施設職員が入所している子どもたちと住民の近隣関係をむすび，子どもを住民とともに保護するような環境をつくり出していく必要がある。

(2) 施設と地域の関係

　施設はどのようにしたら近隣との関係を築けるのであろうか？　入所している子どもたちが，近隣という社会に受け容れられるにはどのように取り組んだら良いのであろうか，考えてみよう。

　入所施設では，内部の環境ですべて間に合ってしまうことがある。たとえば，お祭りや夕涼み会を施設内で行う，屋内に遊び場があり，遊具のある大きな庭がある，子どもがたくさんいる，など一見理想的な環境が整っているからである。また，人という資源についても，職員がいるので外部の大人から直接の手助けが要らない状況がある。しかし，その後ろ盾があるために，かえって近隣との関係がもちにくくなっていることもある。

　一方，住民による組織やグループの場合は，親が運営に協力して成り立っているが，現代では，その協力が難しい家庭が多くなっている。野球チームやサッカーチームなどは親が当番をすることが必要である。子ども会の役員を引き受けられないから，子ども会を脱退するという話もある。それは，近隣社会における児童福祉，または児童健全育成を推進する核となる人材や組織がないからである。そう考えてみると，施設にとっても，近隣にとっても互いにかかわりをもち，協力し合うことは，互恵性があるとわかる。

　施設の社会化の必要性がいわれて久しいが，お祭りや夕涼み会に住民を招く，屋内の遊び場や大きな庭を住民に開放する，施設の入所者が近隣の掃除をする，などにとどまっている場合が多い。入所している子どもたちが近隣社会に受け容れられるためには，近隣住民が施設の中に来ることから一歩進んで，施設職員が近隣社会に飛び込むことが求められる。それが，近隣社会にとっても，施設に

とっても互恵性がある実践になっていれば，住民の支持が得られるのである。

　そのような意味がある実践事例を紹介したい。

　　　A児童養護施設では，入所している子どもたちが，近隣の友だちの家にあまり遊びに行かないことが気になっていた。そこで職員がPTAの役員をして，施設と近隣の家庭の関係づくりに取り組むことにした。職員は，児童養護施設には子どもの問題の専門家や心理の専門家がおり，地域に役立つことができることを会合のたびに話した。

　　　一方，PTAの役員会を通して，近隣の状況もわかってきた。子ども会は，役員を引き受けられないためにやめざるを得ない家庭が多く，会員が減ってきて活動の継続が危ないという。児童養護施設では，子ども会活動は子どもの成長に必要なのではないかと考え，活動の継続を支援しようということになった。

　　　そこで，職員は，親が役員を引き受けられない子どもも参加できるような子ども会の運営方法を考えることを提案した。

　　　子ども会の保護者負担を減らすために，児童養護施設の学生ボランティアに協力を依頼した。さらに，児童養護施設の地域子育て支援機能を活用して子ども会の活動内容を活性化した。

　　　この経過を経て，児童養護施設の専門的な知識や技術が家庭の子育てにも役立つということが知られるようになり，子育てについて児童養護施設に相談に来る保護者が多くなった。最近では，近隣の家庭も，子ども同士の行き来を歓迎し，施設機能も活用するようになってきた。

　以上は，施設機能を活用して子育てしやすい地域をつくっている活動である。

　保育士は，保育に関する科目，福祉や家庭支援に関する科目を学んでいる専門職であり，このように地域や子育て中の家庭の役に立つことができる専門性をもっているはずである。その専門性を生かしていくためには，施設の中だけではなく，地域のすべての子育て中の家庭への援助も仕事であることを常に意識していることが求められる。やがてはそれが，地域全体が子どもを保護する環境になっていく，という変化につながっていくのである。

(3) 地域と退所児童

・地域と家庭

　家庭における近隣社会との関係は，あまり付き合いがないといっても，向こう三軒両隣の家族の顔と名前くらいは知っていて，暮らしぶりもなんとなくわかっている。地域の学校に行っていれば，道を行き来する姿を見て，その成長ぶりを知り，子どもと言葉を交わすこともある。親同士のかかわりは，幼稚園，保育所や学校の懇談会や行事，子ども同士の行き来から始まることが多い。

　親がPTA活動や，地域の活動（自主サークルや母親クラブなど）を活発に行っている家庭の子どもは，地域で豊かな社会資源とつながっていく。しかし反対に，施設から家庭に戻ったばかりだったり，転居を繰り返していたりする家庭に近隣との断絶が起こることは珍しくない。それは，小中学校生の子どもならば，仲間はずれや中傷の的になるということにつながっていく。近隣社会は子どもの成長に重要な要素であることを考えれば，子どもにとっては，このような環境は大変に暮らしにくいことがわかる。

・施設による**アフターケア**

　子どもが施設を退所するには，家庭引き取りや，進学，就職などいろいろな理由がある。2004年児童福祉法改正においては，児童養護施設では「退所した者に対する相談その他の自立のための援助を行うこと」を目的とすることになり，子どもへのアフターケアが法的に位置づけられた。

　児童福祉法の改正により，退所児童の相談やその他の援助を行うことが児童養護施設の目的に規定されたことを受け，全国児童養護施設協議会では，全国児童養護施設退所児童自立支援事業が創設され，自立支援金の給付をしている。2022年児童福祉法改正においては，措置解除等の際に親子の生活の再開等を図るために「親子再統合支援事業」が明確化され，施設を含む多様な主体との協働による親子への支援が具体化されることになった。また措置解除者等を対象とした「社会的養護自立支援拠点事業」が都道府県事業として創設され，施設としてもアフターケアに関して連携することが必要である。

・地域と協力した**アフターケア**

　子どもを施設から家庭に戻すとき，戻った地域に近隣関係を調整する役割を担う人が必要である。そのような住民がいるとすれば，それは児童委員であろう。児童委員は近隣の組織や団体との関係，近隣関係などに詳しく，復帰後の家庭の様子も知ることができる住民である。施設職員は，児童相談所だけではなく子どもが帰った地域のコミュニティワーカーである社会福祉協議会職員や児童委員と協力してアフターケアの体制を組むことが求められる。

　アフターケアの必要性から着目されている施設に**自立援助ホーム**がある。

　自立援助ホームは，児童自立生活援助事業（第二種社会福祉事業）として児童福祉法に位置づけられている。義務教育終了後20歳未満で措置等を解除された者や高等学校の生徒，大学生等で満20歳に達する日以前から自立生活援助を利用していた者は満22歳に達する年度の末日まで利用が可能だったが，2022年児童福祉法改正において，年齢要件が弾力化され都道府県知事が認めた時点まで児童自立生活援助の実施が可能になった。また教育機関に在学していなければならない等の要件も緩和された。共同生活を営むべき住居（自立援助ホーム）において，相談その他の日常生活上の援助および生活指導を行い，社会的自立を促進することを目的としている＊。各施設により運営は異なり，不登校やひきこもりの子どもを家庭から一時預かり，社会参加を支援している施設もある。住居費，食費など必要経費として，1か月数万円程の利用実費が必要であるため，誰でも利用できるわけではない。しかし，5名から20名という小規模な地域の家であり，児童委員や児童相談所，学校や職場などとの関係もあることから，児童福祉施設退所後の児童や家庭の近隣社会における支援拠点となることも期待される＊＊。

　アフターケアは，施設だけでできるものではない。どの地域に帰っても，拠りどころがある社会システムとしてのアフターケアがつくられていく方向性が求められているのである。

＊　厚生省児童家庭局長通知児発第344号の別紙「児童自立生活援助事業実施要綱」（平成10年4月22日）に加筆修正。
＊＊　2022年10月時点で全国に266か所設置されている（こども家庭庁）。

(4) 社会と連携した児童の権利擁護

　児童福祉施設に被虐待児童が増加し，施設内のみならず学校や近隣でトラブルを起こすなどの問題が発生しがちである。ここまで学んできたように，子どものそのような状態を支え，成長を支援するためには，周囲の協力が必要である。そのためには，施設を閉ざすのではなく近隣に開いていくことが大切になる。児童福祉施設から地域の学校に通う子どものために，職員が学校に出向いたり，近隣に顔を出したりする機会を増やしていくことは不可欠である。その結果，必然的に施設と学校や近隣との関係が深くなることは，職員や近隣社会のためにもメリットがあるといえよう。

　施設と近隣との関係づくりには，以下のように，施設が地域に参加する活動と地域が施設にかかわる活動とがある。

〈施設から近隣社会にかかわる活動〉

・施設職員が学校の保護者会（**PTA**）の役員となる。
・職員が近隣の役員（町内会，防犯，青少年育成など）となる。
・職員と子どもが近隣の行事（運動会，防災清掃活動など）に参加する。
・入所している子どもが地域のクラブに参加する。

〈近隣住民が施設にかかわる活動〉

・バザー，学園祭等の行事に近隣住民が参加する。
・施設のグラウンドやホールなどを近隣住民が活用する。
・施設の行事，活動（キャンプ，ボーイスカウトなど）に近隣の子どもが参加する。

　また，社会と施設の連携の一形態として近隣住民が施設の**ボランティア**として活動することがある。「奉仕活動」が「ボランティア活動」といわれるようになって久しいが，その考え方も大きく変化してきた。かつては「かわいそうな子どもたちを助ける」という考えでボランティア活動をする住民がいたが，「施設との連携を通じてともに豊かになろう」という思いでボランティア活動が行われるように変化している。ボランティアの受け入れは施設にとっては負担にもなるが，その効果は計り知れないため，今後も積極的に受け入れていく必要がある。ボランティア活動は社会との連携の一例であるが，どのようにして近隣をはじめ

とする社会と連携していくかということは，これからの施設運営の課題のひとつ
である。

(5) 社会資源と子どもをつなごう

　施設内での職種間の連携に加え，関係機関や近隣・学校などの社会資源と子ど
もをつないでいくことが大切である。個々の子どものニードが複雑になり，抱え
る問題も複雑化・重度化する分，外部の社会資源の力が必要になる。たとえば心
理療法にしても施設内の心理療法担当職員と児童相談所の児童心理司が協力して
子どもの療育にあたらなければならない場合がある。また家族支援にしても施設
内での協力体制で退所できる場合もあれば，児童相談所の児童福祉司との連携が
必要になる場合もある。

　精神疾患が疑われる子どもや心の発達に課題のある子どもの入所が徐々に増え
ているため，学校との連携も重要になっている。担任となった教師に子どもを正
しく理解してもらったり，特別支援教育の対象となった場合には，コーディネー
ター担当の教師とも連携をとったりするなど，子どもが近隣の学校にスムーズに
受け入れられるような，外部とのチームワークを意識した働きかけと日常の協力
関係が重要である。加えて **PTA** などの機会を活用して，近隣の保護者にも施設
やそこで暮らす子どもたちを理解してもらえるように働きかけることも忘れては
ならない。

　このように，児童相談所や学校，近隣など外部の社会資源と子どもをつなげる
必要性を常に想定する必要がある。そして，個々の子どもの状況に応じ，そのつ
ど必要となる社会資源と子どもの関係をつなげていくのは，子どもの一番身近に
いる者の役割である。日常生活の援助者として個々の子どもや家族の状況をよく
把握している担当保育士や児童指導員がその要（かなめ）となることが期待され
ている。

VI これからの児童福祉施設 援助者

1. 家族の再統合を支援しよう

　乳児院や児童養護施設を利用している子どもたちのほとんどに家族があり，面会や帰宅など何らかの形で家族と交流をもっていることはすでに述べてきたとおりである。子どもたちは原則として父母が養護にあたるのが望ましいが，それが何らかの事情で親と別々に生活することが最も望ましいと判断された場合，彼らを養護する施設は，父母との関係を継続していくことを視野に入れた援助を行う必要がある。

　基本的には施設を利用する理由となった事柄が解決され，親子ともに暮らせるようになることを目指し，また別れて暮らすこととなった施設利用期間も，お互いの関係が疎遠とならないように親子関係を継続し，**家族再統合**に向けた努力をすることは家族援助の基本として重要なことである。しかし，今日では施設入所理由が父母による虐待など，養育環境によるものが増加してきた。そのため，家族再統合も，親子関係が入所時に比べ，どのくらい改善されあるいは修復されたのか，親や子どもにどのような変化なり成長があったのか等を慎重に評価した上で，面会，帰宅，等段階を追ってチームで支援をしていく必要がある。

　もちろん家族再統合できるのが望ましいことではあるが，施設養護の現状を見るとなかなかそのような理想的な状況ばかりではない。単に親と一緒に暮らすのが良いといった理想だけで家族再統合を急ぐと，虐待が再発されるといった事態を引き起こすことも考えられる。保護者の現状をよく見て，親子関係もよく把握した上で，親子がなるべく最善の形で関係を維持し続けられるように援助していくことが家族援助の第一歩として重要である。

　家族との関係調整を進めていく場合，施設でその中心的な役割を担うのは家庭支援専門相談員と，子どもの養護を担当する保育士や児童指導員だろう。職員間

で協力し合い，親子関係が良い形で継続できるように，チームワークを組んで援助していく必要がある。施設保育士は，さまざまな養護の悩みや生活上の困難さを抱えた親や家族の話を，しっかり傾聴する態度を基本とすべきである。その上で個々の家族の状況に応じて，子どもの最善の利益を守ることができるよう柔軟な対応が求められる。

2.　バーンアウト（燃え尽き症候群）を予防しよう

　バーンアウトとは，施設などで子どもたちのためにと意欲をもって働き始めた職員が，献身的に働いたにもかかわらずなかなかその苦労が報われなかったときに，まるで燃え尽きたかのように意欲を失い，働けなくなる状態を指す。元気で理想に燃えていた人ほどバーンアウトに陥りやすく，落ち込んだときの落差が非常に激しくなる。消耗感・疲労感，人と距離を置く姿勢，個人的達成感の後退などがバーンアウトの特徴としてあげられている。

　バーンアウトについては，自分のできる限界を知ることも大切であるが，こういったことはなかなか自分一人では自覚できないことが多い。バーンアウトを防ぐためには，施設保育士をはじめとする職員のメンタルヘルスと職員に対する労働環境の整備と支援体制の充実が求められる。とはいえ児童養護施設を取り巻く環境は依然として厳しい。心理療法担当職員や家庭支援専門相談員は常勤化されたが，子どもたちの直接処遇にあたる職員配置に至っては，児童養護施設の場合，1976年から続いてきた配置基準が2012年に改善され，現在も予算上は改善が図られつつある*。しかし，虐待によって傷ついた子どもたちを家庭的な環境で養育するにはまだ不十分な状況である。子どものニードの変化に応じた専門性を確保し，家庭的養育環境をさらに推進しようとすると，今まで述べてきたようなより高度な専門知識と専門技術が必要となるのだが，そのためにも今後さらに職員配置基準の充実を図り，職員の労働条件を改善するとともに，職員に対する研修や

＊　児童福祉施設の設備及び運営に関する基準第42条6では，児童養護施設の児童指導員および保育士の総数は少年おおむね5.5人につき1人としているが，4人につき1人という基準に向けて，2015年より予算措置が開始されている（pp.206-207参照）。

支援に取り組む必要がある。

　一部の施設ではスーパーバイザーを配置して，職員の**スーパービジョン**を行ったり，カウンセラーを配置して職員の相談援助に応じたりしている。こういった職員に対する支援体制はまだまだ十分ではないが，今後はその必要性をよく理解し真剣に考慮されるべきであるし，現場からも更に声を上げていく必要があろう。

3.　共依存に注意しよう

　あなたは，「**共依存**」という言葉を聞いたことがあるだろうか。共依存とは共に依存するつまり，お互いに自立できず，寄りかかりあっている関係である。

　共依存に陥る人は，低い自己評価を埋め合わせるために他者を世話することで自分の存在意義を見出そうとする。そのために，自己犠牲的で過剰な献身を脅迫的に行っていく。これは援助する人とされる人の間に起こりがちな関係である。共依存に陥っている人は一見すると献身的に尽くし続ける人としてみなされがちだ。しかし，自分より弱い人や困っている人のお世話をし続けることに依存している状態ということができる。そのような人は相手が自立すると自分の存在意義がなくなるので，相手を自立させないようにしていることがある。共依存には自分でも気づかないうちに陥るのでスーパーバイズを受けることが重要である。

　福祉に関心をもち，自分より弱い人の世話をしたい，「ありがとう」といわれたい，という人の中には，こういった共依存の傾向をもつ人がみられる。共依存の人が，子どもたちの適切な援助者になれないことは，これまで学んできた内容からもわかるだろう。これから保育士になろうとする人は，「共依存」について注意しておく必要がある。

4.　専門性を高め続けよう

　児童福祉施設を利用する子どもたちは質的にも変化してきており，その分，ケアの方法もより難しくなってきている。そういった変化に合わせて保育士にも，心理学や障害に関する知識，面接や個別援助技術・集団援助技術・地域援助技術な

どのソーシャルワーク能力，などが今まで以上に求められる時代になってきている。職員としての資質を高めていくためには，研修体制の整備が欠かせない。児童虐待など，複雑な問題を抱える子どもたちへの対応やその親たちへの対応の充実のためには，そこで必要となる専門知識や技術を学ぶ必要がある。子どもや親への具体的援助方法を体験的に学ぶロールプレイによる学習等の研修プログラムの開発や研修体制の整備・充実が急いで図られるべきであるし，機会があればそれを生かして受講してほしい。

　また研修で学んだことを，実際の目の前の子どもに対してどのように具体化するのか，あるいは個別化についてどう考えたら良いのか，といったケアの方法に関して身近で相談できる体制があればさらに専門性の向上が期待できる。そのためにも，スーパービジョン体制の整備が欠かせない。専門性の向上に向けて施設内におけるスーパービジョンの体制を整えたり，利用したりしていくことを怠ってはならないであろう。

【引用文献】

Children's Views & Voices・長瀬正子『社会的養護の当事者支援ガイドブック―CVV の相談支援』Children's Views & Voices，2015

古荘純一・磯崎祐介『教育虐待・教育ネグレクト―日本の教育システムと親が抱える問題』光文社，2015

小島まな美ほか「女子受刑者の処遇に関する研究について―主に教育・分類の観点から」『刑政』123（5），2012

町野朔「児童虐待防止システムの総合的検討―児童虐待の防止と児童の保護」（科学研究費助成事業研究成果報告書），2010-2014

永野咲・有村大士「社会的養護措置解除後の生活実態とデプリベーション―二次分析による仮説生成と一次データからの示唆『社会福祉学』54（4），2014

日本小児科学会「子ども虐待診療の手引き 第2版」，2014

奥山眞紀子「マルトリートメント（子ども虐待）と子どものレジリエンス」『動向』15（4），2010

滝川一廣「社会的養護と「家庭」」『世界の児童と母性』82，2017

全国児童養護問題研究会「「新しい社会的養育ビジョン」に対する意見」，2017

【参考文献】

阿部彩『弱者の居場所がない社会—貧困・格差と社会的包摂』講談社，2011★

平湯真人編著『子ども福祉弁護士の仕事—恩恵的福祉観から権利的福祉観へ』現代人文社，2020★

堀正嗣編著『独立子どもアドボカシーサービスの構築に向けて—児童養護施設と障害児施設の子どもと職員へのインタビュー調査から』解放出版社，2018

子どもの虐待防止センター監修／坂井聖二・西澤哲編著『子ども虐待への挑戦—医療，福祉，心理，司法の連携を目指して』誠信書房，2013

三谷はるよ『ACE サバイバー—子ども期の逆境に苦しむ人々』筑摩書房，2023★

森茂起編著『「社会による子育て」実践ハンドブック—教育・福祉・地域で支える子どもの育ち』岩崎学術出版社，2016

楢原真也『児童養護施設で暮らすということ—子どもたちと紡ぐ物語』日本評論社，2021

岡本茂樹『反省させると犯罪者になります』新潮社，2013

坂上香『ライファーズ—罪に向き合う』みすず書房，2012

杉山春『ルポ虐待—大阪二児置き去り死事件』筑摩書房，2013

索　引

編著者紹介

吉田眞理（よしだ まり）──────────────● 〈第 1・3・7・8・10・11・14 講〉

　①大正大学大学院人間学研究科博士課程福祉・臨床心理学専攻社会福祉修了　博士（人間学）／小田原短期大学学長
　②地域子育て支援，児童福祉，住民（ボランティア）活動
　③『児童の福祉を支える子ども家庭支援論』（萌文書林，2019 年），『児童の福祉を支える〈演習〉社会的養護Ⅱ』（萌文書林，2019 年，編著），『児童の福祉を支える子ども家庭福祉』（萌文書林，2018 年），『生活事例からはじめる教育実習保育実習──幼稚園，保育所，認定こども園の実習に備えて』（青踏社，2018 年，編著），『保育する力』（ミネルヴァ書房，2018 年，監修），『よくわかる子育て支援・家族援助論』（大豆生田啓友・太田光洋・森上史朗編，ミネルヴァ書房，2008 年，共著），『生活事例からはじめる社会福祉』（青踏社，2008 年）
　④本書から保育の仕事の深みを覗き，広がりを感じていただけたでしょうか？　保育者は，児童福祉の最前線を支える仕事なのです。

著者紹介

坂本正路（さかもと まさみち）──────────────● 〈第 11・12・14 講〉

　①日本社会事業大学社会福祉学科卒／NPO 法人 CIF ジャパン理事
　②児童虐待，施設職員の心的外傷の研究
　③『養護原理』（〔保育・看護・福祉プリマーズ 3〕吉澤英子・小舘静枝編，第 4 版，ミネルヴァ書房，2008 年，共著），『教育実習・保育実習ハンドブック』（加藤紀子編，第 2 版，大学図書出版，2008 年，共著），『輝く子どもたち──児童福祉学』（朝倉陸夫・比嘉眞人編著，八千代出版，2000 年，共著）
　④この本を通じて施設利用者の方への理解や，施設で働く事に対する考え方，理念をしっかり学んでください。

髙橋一弘（たかはし かずひろ）──────────────● 〈第 2・3・9・10・13・14 講〉

　①大正大学大学院文学研究科修士課程社会福祉学専攻終了（文学修士）／大正大学名誉教授
　②児童家庭福祉，児童家庭福祉領域のソーシャルワーク
　③『児童の福祉を支える〈演習〉社会的養護Ⅱ』（吉田眞理編著，萌文書林，2019 年，共著），『ソーシャルワーク実習［改訂版］』（大正大学人間学部社会福祉学科編，大正大学出版会，2018 年，共著），『子ども家庭福祉論──子どもの人権と最善の利益を守るために』（松本寿昭編著，相川書房，2008 年，共著），『保育・福祉のための社会福祉援助技術事例研究』（市川隆一郎・成瀬光一編著，建帛社，2007 年，共著）
　④社会的養護を必要とする子ども達のこともよくわかる保育士になってください。

村田紋子（むらた あやこ）──────────────● 〈第 2・4・5・6・10・14 講〉

　①大正大学大学院文学研究科修士課程社会福祉学専攻修了（文学修士）／児童養護施設児童指導員，小田原短期大学保育学科准教授，更生施設等相談員を経て，現在，生活困窮者自立支援事業相談員，自立援助ホーム非常勤職員
　②児童養護施設における権利擁護のあり方・子ども虐待と社会的排除
　③「社会福祉士による刑事施設退所者への社会復帰支援の「視座」と「手法」に関する一考察──『子ども虐待』の視点から」（『鴨台社会福祉学論集』第 29 号，2021 年），『児童の福祉を支える〈演習〉社会的養護Ⅱ』（吉田眞理編著，萌文書林，2019 年，共著），「児童養護施設における「養育者」による性的虐待防止の方策について」（『小田原短期大学紀要』第 45 号，2015 年）
　④福祉の現場で働く時に，常に立ち帰れる「思想」や「原理」を見つけていってください。

──────────────────────────────────────

①最終学歴／現職　②主な研究領域，関心のある分野等　③主著　④読者へのメッセージ

（五十音順／敬称略／〈　〉内は執筆担当箇所）

〈企画〉小舘静枝（こだて しずえ）

小田原短期大学名誉学長

〈装丁〉永井佳乃

児童の福祉を支える **社会的養護 I**

2019年 2 月15日　初版第 1 刷発行
2023年 4 月 1 日　初版第 5 刷発行
2023年12月28日　第 2 版第 1 刷発行

編 著 者	吉 田 眞 理
著　　者	坂 本 正 路
	高 橋 一 弘
	村 田 紋 子
発 行 者	服 部 直 人
発 行 所	㈱ 萌 文 書 林

〒 113-0021　東京都文京区本駒込 6-15-11
Tel. 03-3943-0576　Fax. 03-3943-0567
https://www.houbun.com
info@houbun.com

印刷・製本　シナノ印刷株式会社　　　　　〈検印省略〉

©Mari Yoshida 2019 Printed in Japan　ISBN 978-4-89347-419-3 C3037